一人の力で日経平均を動かせる男の投資哲学

cis の 股票交易术

[日]习思 cis（个人投资家）著　朱佳 译

凭一己之力
撬动日经指数的投资哲学

中国青年出版社　CHINA YOUTH PRESS　中南文传媒

图书在版编目（CIP）数据

cis股票交易术 /（日）习思著；朱佳译.
—北京：中国青年出版社，2020.7
ISBN 978-7-5153-6031-7

Ⅰ.①c… Ⅱ.①习… ②朱… Ⅲ.①股票交易－基本知识 Ⅳ.①F830.91

中国版本图书馆 CIP 数据核字（2020）第082775号

HITORI NO CHIKARA DE NIKKEIHEIKIN O UGOKASERU OTOKO NO TOSHITETSUGAKU
© cis 2018
First published in Japan in 2018 by KADOKAWA CORPORATION, Tokyo. Simplified Chinese
translation rights arranged with KADOKAWA CORPORATION, Tokyo through BARDON–
CHINESE MEDIA AGENCY.
Simplified Chinese translation copyright © 2020 China Youth Press
All rights reserved.

cis股票交易术

作　　者：[日]习　思
译　　者：朱　佳
责任编辑：肖　佳
美术编辑：张燕楠　佟雪莹
出　　版：中国青年出版社
发　　行：北京中青文文化传媒有限公司
电　　话：010-65511272 / 65516873
公司网址：www.cyb.com.cn
购书网址：zqwts.tmall.com
印　　刷：北京博海升彩色印刷有限公司
版　　次：2020年7月第1版
印　　次：2024年12月第10次印刷
开　　本：880mm×1230mm　　1 / 32
字　　数：88千字
印　　张：5.5
京权图字：01-2019-4361
书　　号：ISBN 978-7-5153-6031-7
定　　价：69.90元

| 目 录 |

第四章　职业：交易工匠 ————— 073

> 生在可以发挥打游戏的本领的时代是一大幸事。
> 交易是"金钱的零和游戏"，
> 而我的职业不过就是交易工匠。

第五章　游戏磨炼了我投资上需要的技能 ————— 099

> 我的原点是游戏。
> 如果父母讨厌我玩游戏的话，就不会有投资人cis了。

第六章　我能成为亿万富翁是2ch的功劳 ———— 117

> 在股市赔了1,000万的时候，我遇到了2ch上的朋友。
> 如果没有跟他们的相遇，我早就离场走人了。

第七章　如果从现在开始炒股的话 ———— 135

> 挑战与机遇不过一纸之隔。
> 因为"活力门事件"，几乎一瞬间损失了5亿日元。
> 那样的事情也会发生。

> 股市非涨即跌。
> 所以，就是选择出手还是收手。
> 出手、收手的原则在麻将和扑克上也适用。

| 前 言 |
获胜的方法很简单

我觉得自己跟小的时候没什么变化，但又觉得已经走过很长一段路。我已经有了三个孩子，就像社会上普通的大人一样，但又觉得没怎么长大。

我是一直用cis这个名字做股票交易的个人交易者。2000年，21岁的我开始正式炒股，从起初的300万日元（当时折合人民币23万元。书中提及的折合人民币的资产数额均使用的是当年的平均汇率）到如今的230亿日元（折合人民币13.8亿元）。作为个人交易者，小有名气，还参加过已经停播的午间电视节目《笑一笑又何妨》。也许还有一些人通过推特、2ch[①]的股票板块，或者金融信息网站里《凭一己之力撬动日经指

---

① 2ch：2017年10月1日已更名为5ch，是日本的一个网络论坛。——译者注

数的男人》的报道听说过我。

提到投资人，大家都会联想到通过购买股票去支持企业发展的一群人。从这个角度讲，我不是投资人；本质上来讲，我不过是一个游戏玩家似的赌徒。我玩过很多其他的游戏，开始炒股时也是把它当作游戏来做的。

我并不觉得操纵资金的股市有什么特别，但是发自内心地认为这是个很有趣的游戏。技术、运气、风险和回报交织融合，真的是再好不过了。我以日内交易为主，几乎不做长线。不做通常观点所认为的投资，只是单纯地追求胜负而已。

这本书总结了我在股市中，如何思考、如何应对、如何赚钱的例子。虽然是炒股的书，但我尽量写得让不懂股票的人也能读懂。最后还聊了聊麻将、扑克等需要揣测人心的游戏。不仅是炒股，如果这本书还可以对读者人生的其他方面有所帮助的话，我将不胜荣幸。

大家都说我炒股赚钱的方法很简单。的确，和别人相比，我没做什么复杂的事，实际上我的方法更简单。正因为简单，核心部分需要你自己来摸索。

并且，理解和执行之间还有很大的距离。正所谓知易行难。但反过来看，也说明对于很多人来说有大量的机会。一般大家都认为在投资上有钱人有优势，其实不然，资金量大的话，投资效率反而会下降。总资产1,500万日元（折合人民币90万元）以下的话，翻几倍的机会数不胜数。就像角色扮演游戏中从一级打到十级一样，谁都能做到。这本书里就写了很多这方面的秘诀。

虽说如此，教人如何炒股的书一般都没什么用。因为一旦总结成文，被广泛阅读的瞬间，提到的方法就失去了优势。极端来说，股票就像"石头剪刀布"的游戏，一旦大家知道了最近可能流行出石头、剪刀，之后再出布就比较好之类的信息后，这些信息就没有意义了。所以，我想通过这本书介绍一些目前为止没有被提及的内容，以及与表面的趋势不同而在本质上更有建设性的内容。

时至今日，我几乎拒绝了杂志和电视的采访。我并不想出名，从风险管理的角度讲，在媒体上露面也只有负面影响。并且出镜佣金或者礼金的报税也挺麻烦的。出于这些考虑，我想都没想过要写书。

尽管如此，我还是写了这本书，就是为了回应麻将作家也是交往十多年的朋友——福地的诚挚邀请。我平时不怎么读书，但是福地的书几乎都读了。他总是把逻辑放在第一位的思维方式让我感到强烈的共鸣。所以我想如果福地帮我把关的话，这本书一定值得一读。

自从1999年股票交易手续费自由化①之后，个人交易者才有可能做日内交易。并且，2ch也是在1999年成立的。我就是那个时候第一次接触到股票，受益于日本金融制度改革和第一代的互联网。从那时算起将近20年过去了，现在又出现了算法和人工智能等新对手。

不能按照预期赚钱的日子一直有。一不小心赔掉许多的时候也常在。正因为股市每天都充满变化，所以才有趣。

---

① 作为日本金融制度改革的一项，1999年10月起，日本的证券公司可以自由设定交易手续费。此前，各证券公司需按照证券交易所的规定，收取固定的交易手续费。此举意在吸引更多的投资者入市炒股。据东京证券交易所进行交易的证券公司的统计显示：交易手续费由1999年3月年度的0.42%下降到2012年3月年度的0.06%。——译者注

第一章

不能战胜人性就无法赢得投资

连续涨的股票会继续涨，
连续跌的股票会继续跌。

股市里的老手和新手询问投资建议的时候，我都会说"连续涨的股票会继续涨，连续跌的股票会继续跌"。股价处于上升局面时，赌股价会继续涨的手法叫作"顺势操作"；反之，股价下跌时，赌股价会逆势上扬的手法叫作"反盘操作"。

因为两种可能都有，所以才有了这两种说法。而我主要来讲讲"顺势操作"。

股价上涨意味着买股票的人和投入的资本比卖股票的人和撤回的资本要多，"多"总是有理由的。

这个理由很难百分之百地说清。有人有明确的逻辑来买，有人也许就是追涨而买。若做事后诸葛亮，总能说出一些理由，但都不全面。

但是，此时此刻就是因为有人买而涨，有人卖而跌，这个事实就明摆在那里。所以，跟随市场的节奏操作，获胜的可能性会大。

我当初就是不懂这个原则，开户两年半，手头的300万日元赔到只剩104万。也追加了相当一部分的储蓄和工资，差不多连输了1,000万吧。接下来会详述，原因就是总是优先遵循自己的想法"应该是这样"，而对眼前的事实视而不见。

买涨不买跌。

买了的股票，跌了就卖。

顺势而买。风潮变了，尽早就卖。我就是遵从了这个原则，才积累了今天的财富。

■ "真正的随机"比想象的残酷

统计学的概率论里有"大数定律"，也就是"次数越多，现实值越接近理论值"。

比如抛硬币的时候，正面的概率和反面的概率理论值是50%。但抛的次数少的时候，连续出现正面或者连续出现反面的情况也不少见。继续抛的话，随着次数的增加，结果会更接近理论值。

硬币的话只有正面和反面，很难看出方差，那我们来想想掷骰子的例子。假设我们掷有六面的骰子。只是几十回的话，可能像被神眷顾一样一直出现同样的数字，或者有的数字完全不出现。这样的现象并不稀奇。

概念上的随机，虽然有着胜负守恒的印象，但是微观来看，多有偏颇。

现实的随机很残酷。

和想象中的规整的随机不一样，不会胜负守恒。

我喜爱的麻将也常出现这样的现象。

本来可以听几边的听牌，和牌还有很多的时候，但就被一个听夹胡的人自摸了，这种有悖概率的情况经常出现。

但是多数人还是会在意概率和胜负守恒。

比如抛10回硬币，即使10回都出现正面，下一次抛的时候出现哪面的概率也应该是50%对50%。可是多数人还是会认为马上就快出现反面了。

也就是说大家容易想象一个有规律的随机，过高期待微观事物的理论值。那是很自然的感觉，也是人的本性。

即使是规规矩矩的概率游戏，也会有这样的倾向。

股票本就不是概率的游戏，所以最好认为"不能胜负守恒是理所当然的"。

持续上涨的股票上涨，持续下跌的股票下跌。

"现在虽然上涨，早晚会跌"的想法很常见，就跟总持有"早晚会看到胜负守恒的结果"的印象是一样的。

当你随意地认为"没有永远上涨的股票，总会跌下来的"，就相当于做了一个什么时候会跌的假设。

但显而易见的是现在在涨的这个事实。会涨多少，谁也不可能知道。

不要做随便的假设，做到上涨期间持有就好了。

一直上涨的股票稍稍跌的时候，是一时的下跌还是反转，这个谁也不知道。只要有想确定收益获利卖出的人，股价就会下跌一些。

我不太在意微小的波动，多数情况下是下跌一些的时候卖出。用炒股的术语说，上涨的股票一时下跌叫作"一时突然下跌"，多数情况我是在第二个"一时突然下跌"时卖出。

■ 决不能在一时突然下跌时买入

同样，要避免在一时突然下跌时买入。

给不太懂股票的读者解释一句，"一时突然下跌"时买入，也就是上涨的股票一旦下跌就买入的行为。

即使是涨势很强的股票，只要有想确定收益获利卖出的人，就会一时下跌。在这期间想买入就是"一时突然下跌"时买入。

买大幅上涨的股票的时候，人们常有"会不会错过买入时机"的感觉。但在高位买入，开始下跌了就不敢直视。因为有这样的避险心理，所以人们才会逢跌买入。

即使看起来很诱人的股票，股价稍稍回调的时候就买入也可能源于保险起见的脆弱心理。

逢跌买入就是下跌时买入，属于反盘操作的一种。

也就是一定要避免的一种买入。

这与追涨杀跌的原则相背离。

也有"等待回调却等不来时机"这样的说法。

持续上涨的股票，等待回调，却常常等不来。想着逢跌买入，结果却是持续上涨。这个说法就说明逢跌买入的手法是错的。

"逢跌买入"或是"低估时买入"这样的想法本身就是错的。

在涨的股票还会涨的话，这个时候就应该去买。

已经涨了一段时间后，纠结于"是不是错过了买入的时机"这样的想法就是基于胜负守恒。

能涨多少谁也不知道。

不要想着"太晚了吧"，还在涨的话就说明接下来还可能会涨。

开始跌了就卖，那个时候第一次感到"太晚了吧"，就说明有这样的不安。

什么时候能反转谁也不知道。

预测时机和价格，跟随意推测一样。

市场的信息就应该听市场的。

■ 忙于眼前的"锁盈"，赚不到大的

"锁盈"是锁定盈利的简称，指兑现相比买入时上涨的股票和外汇的行为。反之，"止损"就是明知道现在卖了要亏本也选择卖出的行为。

上涨的股票如果不卖掉做实收益的话就不算赢。

下一刻如果开始跌了，难得的收益也随之而去。因为有这样的不安，所以就有急于锁盈的人。

1,000日元的股票，即使跌到900日元或者800日元也不愿意卖，但是一旦涨到1,050日元或者1,100日元，觉得"赚了"，就立即想卖。

买了的股票即使下跌，如果不卖就不会确认损失。确认损失，心理上会很难接受。与之相反，涨了的股票却急于卖出，因为人总是有"赢了！赚了"的心理。

因此，下跌的股票被套牢，上涨的股票却马上锁盈，也都是基于人性本能的行为。

实际上，股票的获利方法中，大家常常推荐在某个阶段获利卖出。比较常见的就是，"股票上涨了，卖出一半，这样确定卖出部分的收益"。

因为股票非涨即跌，人会想象无限赚钱，也会恐惧一无所有。如果是为了克服恐惧而卖出也没什么问题。

但作为上涨走势时的获利方法，这是不对的。

跌到800日元应该立即卖出，而涨到1,100日元时最好不要卖。

和刚才提到的"顺势操作"的想法是一样的。

刚刚下跌的股票，比起反转上升，继续下跌的可能性多一些。而刚刚上涨的股票，比起反转下跌，继续上涨的可能性比较高。相比可能性高，正确的说法应该是胜负的效率比较高。

重要的不是获胜的概率，而是总收益。这样去想，是在股票上赚钱的关键。

比起获得1万日元的喜悦，失去1万日元的悲伤会更深刻。

为了避免这样的悲伤，大多数人忙于锁盈。

但是锁盈的话，即使确认了收益，总和上还是接近败北。

好不容易上涨的股票，卖了的话，锁住了今天的盈利，却丧失了明天和后天的机会。

所以，不要奔走于眼前的利益。

为了获利，只有放长眼光，多做获利多的交易，而每天的小赢是没有意义的。

如果把我的股票按照胜负来考虑的话，获利的不过三成。

剩下的几乎都是保本或者小赔。不过相对于偶尔的小赔，翻10倍或者20倍的股票也有，获胜的概率虽然低，总额却是正的。

获胜的概率虽然低，下跌的时候及时止损，而剩下的股票中总会有几只获得损失额的10倍、20倍的收益的。

从交易的效率来看，这样做容易取得好结果。

即使总有小赔，偶尔要赢一把大的。反之，要警惕无数次小赢却一次损失巨大。

这样说来，只顾眼前的利益也相当于剥夺大赢的机会。

■ "补仓"是最差的技巧

买股票的技巧之一是"补仓"。

买的股票下跌的时候，再买一些，拉低平均成本，可以降低赢利时的水平线。假设1万日元一股买的股票跌到了8,000日元，有2,000日元的浮亏。要想赚的话，就需要涨2,001日元。

这时候用8,000日元再买一股的话，均价就降为9,000日元。这样只要涨1,001日元就可以扭亏为盈。这样的做法就是"补仓"。

从结论说，我觉得"补仓"是最差的技巧。

有时候还会一招致命。

就像我一直强调的原则，顺势买上涨的股票，持续上涨的时候要持仓，一旦跌了就卖出。而"补仓"则与之背道而驰。

本以为会涨的股票下跌的话是失败，但至此没有问题。

这是常有的情况，再厉害的人也避免不了。

糟糕的是不能承认自己的失败。"补仓"就是明明自己失败了，却还加大赌注，这种做法本身就很矛盾。

此时应该做的就是承认失败，迅速清仓。

也就是止损。

尽管如此，不承认失败、拖泥带水还期待反败为胜就是"补仓"的初衷。这样做，当然有可能反败为胜，但也可能输得很惨。

炒股最重要的就是及时止损。

逃避失败当然不好，但如何可以让失败最小化呢？

即使是这样想，"补仓"也是与之相悖的技巧。

■ 止损的股票又上涨了，该不该买

1,000日元买的股票已经跌到了900日元或者800日元，期待着涨回到1,000日元的话就容易套牢，这样下去的话也可能跌到200日元或者100日元，最后血本无归。

小赔没问题。相比之下，难以避免的是血本无归。

重要的是，不是不赔，而是不要大赔。

本着没有大赔的原则，我才可以构筑起今天的资产。

虽说我有胜率的股票只有3成，但是要看24小时以内准备交易的股票的话，大约6成会赚钱。反过来看，炒股20年，才终于提高到这个水准。

如果连续看两周的话，大约只有3成。即使打算长期持有的股票，如果股价有异动的话，我也立即止损。结果，留下来的就都是涨幅很大的股票。

我完全没有一个具备数值标准的止损线。估计1个小时之后可能会跌的话，我就卖掉。

止损的股票再上涨的话，作为上涨股该不该买？这也是重要的一点。

首先，止损的时候就承认了自己的失败。因为承认买错了才清仓。之后，用比卖出的价格还高的价格买回来的话，就是承认了"止损也错了"，相当于承认了两次错误。

我觉得这样做的话有人会很抵触。

但我就完全不在乎，总是可以冷静地对待。

因为我并不考虑一回的胜负，所以才不抵触。

买的股票跌了就卖，涨了就买。

当然有手续费，那是基本的，所以只能反复操作几回。

如果真的同一只股票买卖三次以上都错了的话，我会有反感情绪"我是不是陷在里面了啊"，会考虑不懂这只股票而收手，但在那之前都会毫无顾忌地操作。考虑局部的胜败完全没有意义。

■ 交易的世界里，没有"做好也就8胜7败"的法则

在玩麻将这个游戏时，大家总说何时"收手"很重要。这个说法也和急于锁盈的心理很相似。

考虑到注意力和体力，虽说该有收手的时候，但如果是能赢的话，当然是越做越好。考虑收手，也不过是基于胜负守恒的想法。

无论哪个领域里的胜负，"那个时候收手就好了"的懊悔就像发现一条重要的人生哲理，对于考虑如何获胜没有实际意义。

有位叫阿佐田哲也的作家，写了很多麻将小说。其实他可以以和我年龄相仿的人为原型画个漫画，就叫"哲也——被称作麻圣的男人"。

在此人的小说和随笔中，经常提到"好的话8胜7负，再

好不过9胜6负"。不仅是胜负，人生的所有方面都适用。

比如在《新麻将放浪记》的小说里，就在主人公麻将上大获全胜的时候，公寓起火，房间中的未婚妻身负重伤。所以阿佐田哲也写道：人生总是这样胜负守恒，没有所谓的压倒性的胜利，越是人生得意之时越要小心行事。

作为人生论来听的话，会颔首共鸣。

但是作为胜负的哲学来看，没有意义。

还是从胜负守恒的想法出发，怎么说都是有害的。

股票的话，考虑几胜几负没有意义。

该问的不是获胜的概率而是总收益的绝对值。

我没有否定人生论的想法，但是在胜负的世界中最好不要套用人生论。相信时运是思考的绊脚石。

在股市里，就要遵从股市的法则。

■ 不能承认损失的情绪会导致失败

我的止损之早，在交易者中也算很靠前的。

当然不能和现在先进的算法较量，但在普通人的操作中还算逃得相当快的。

如果觉得1小时后会跌，我就马上卖掉。

和买的价格无关，不管是赚了还是赔了，如果觉得接下来会跌，我就卖。

炒股新手就是不能及时止损，才会跌很多跟头。

尽管锁盈很早，但不能止损，总是等待反弹到买入的价格，我想那是因为不能正视亏损的事实。

这样套牢就是典型的赔钱模式。

"不想赔钱，不愿承认赔钱"的情绪会导致在股市上的失败。

所以及时止损非常重要。与其说是技巧，不如说像一种思想准备。

而我的话，由于止损过早，实际上失败的例子也相当多。

比如2016年美国总统竞选中特朗普获胜时，我就赔了。股票虽一时下跌，但特朗普坦言要保护美国企业，我认定这是买入的时机，所以入手了道琼斯股指期货和标准普尔股指期货。但是，完全没有反转上涨。等了一段时间，我觉得很奇怪，就想是不是有什么信息我不知道，所以在美国股市开盘前我都卖掉了。

结果美国股市一开盘，和我先前预料的一样，持续大涨。本来打算再等一等的，但是过早止损了。如果等到开盘，收益可观。

当然，如果开始涨了，还可以考虑再买一次。但是美国股市和日本股市有不一样的棘手之处，所以我就没有行动。

当股票的波动和自己预想的不一样的时候，很有可能是有什么没注意到的因素。有异动的时候，有可能是庄家介入或者内线交易导致的。

一旦感觉到这种异常，不论结果如何，基本上都应该卖掉。

作为结果，止损过早是事实，但我认为操作理念是正确的。

不论是股市还是其他的博弈，基本来说参与者都是输家。

因为股市的话，要交手续费和税费，赌场的话，要交场地费。

而其中输得最多的是对自己的能力和对自己的认知有偏差的人。也就是说，不能撇开自己的情感严以律己的人。再说得简单点就是，不能正视自己状态的人会输得很惨。

而这样的人会一直输下去。

■ **别人感到恐惧时就是好机会**

在股市里，人的情感起副作用的时候居多。

一个是胜负守恒的想法，另一个就是不想赔钱的想法。

但这两种想法恰恰起到副作用。

参与股市本就是承担风险谋取收益的行为。

即使期待会涨，必然伴随着风险。

要想着50%的可能是会跌的。

如果因此而感到压力，那就没办法了。

从金融角度来看上班族，就像买了100%概率下每月获得一定金额的债券一样。

我从学生时代开始赚的大部分钱都是靠玩弹子机，也没有打过工，所以刚开始工作的时候，感觉很新鲜。无论是假期多的5月，还是日子少的2月，都和其他月份一样领工资。工资也不受公司的业绩和我的销售成绩影响。真不错。

上班族没有损失的风险。如果对损失承压能力不够的话，去做上班族最好不过。

而我则是喜欢股市喜欢得不得了。早就已经财富自由了，但因为开心我一直还在做。

大赚的机会都是人的情绪动摇的时候。

虽说有暴跌和暴涨两个极端，但是比起喜悦和期待，人是对于悲伤和恐惧更为敏感的动物，暴跌的时候机会更大。

当人们感到恐惧，甚至担心股价会跌到底的时候就是好机会。

比如互联网泡沫破裂的时候，雷曼兄弟倒闭的时候，美国次债危机的时候，希腊债务危机的时候，还有大型自然灾害的时候就是这样。

这些时候，大众的心理都是极为恐慌的，对于股市来说就是好机会。

■ 对冲风险毫无意义

投资圈的朋友们都有各自买卖的风格。

要是采取和自己性格相反的风格的话，很难赚钱。找到和自己的性格相符的必胜模式是取得成功的捷径。

在此基础上，想赚得更多的话，就必须克服人性的本能。

比起想赚钱的情感，不能抑制害怕损失的恐惧心理的话，在股市上赚钱很难。与其说难，不如说不可能。

我自己在投资圈中属于防守型的。不介意小赔，但尽量避免大赔，所以以收手快来取胜。

虽说如此，我想，如果不用有可能大赚的方法来买还不承担风险的话，就没有意义了。所以，主动出击的时候也很多。

我看重的是，风险和收益的平衡点。

无论什么交易都有风险和收益。

预期收益高于风险的时候，我才会行动。

如果是5成对5成的话，行动也没什么意义。

想买一只股票的时候，会考虑上涨的理由，也会想下跌的理由。难下结论的时候，看看如果上涨的理由更强一些的话并且预期收益为正的时候，就可以买。

这是风险和收益的对比，我把这个收放手的判断叫作"效率"。

某只股票会涨会跌谁也不知道。

如果要是知道的话，都能够赚到日本的国家预算那么多了。

如果确信绝对会涨（或者绝对会跌）的话，那一定是没看到一些风险。

无论何时都没有绝对的上涨或是下跌。

即使是有相当的把握看涨，买的瞬间也可能发生雷曼兄弟倒闭。也听说有人"看好高分红而买了东京电力①的股票，之后就发生了东日本大地震"。

---

① 2011年3月11日，东京电力公司的福岛核电站受东日本大地震的影响发生核泄漏。市场担心巨额索赔以及日后的停运，导致东京电力的股票大跌。——译者注

这样的事情常发生。

所以在股市上，无论怎样的交易，风险和收益都是相伴的。

总是看见"不仅保本，收益还高"的广告，那根本不可能实现。我的个人感受是，如果能保证年化3%以上的收益，最好考虑对方要么是巧妙地利用了什么手段，要么就是诈骗。

参与股市就要为了收益而承担风险。

风险是绝对的。

害怕风险的人不适合炒股。

我基本不去对冲风险。

寻求收益就要承担风险，但如果为了分散风险而多付成本，最后只会摊薄了收益。

基金经理因为资金规模较大，如果收益为负的话就可能丢掉工作，所以有必要让成绩平稳。

但作为个人交易者，对冲没有意义。

挑战与机遇不过一纸之隔。

结果只能接受。

第二章

在股市上，有大胆假设的人胜出

股市上，
第一条泥鳅特别好吃，
第二条也还可以，
第三条就可有可无了。

很遗憾的是2018年，我的收益不是很好，所以也不好说什么大话，2月的时候本来还有19亿日元（约合人民币1.1亿元）的浮盈，但持仓太久，卖的时候就只剩下12亿日元（折合人民币0.7亿元）了。在这里，我介绍一下当初我用了哪些假设进行操作。

从2017年起，工厂自动化（FA）相关的股票受到热捧。FA就是Factory Automation（工厂自动化）的简称，而作为实现工厂自动化的主力担当，产业机器人制造商的股票受到热捧。如果引用新闻稿的解释就是，中国等国家正式进入节省劳动力的投资阶段，而日本正在进行工作方式的改革，因此投资旺盛，所以对这些企业的产品需求大量增加，业绩也大幅提升。

但是这些经济新闻我也就是简单看看，顶多参考一下。我真正关心的是哪些股票被买得多，哪些被卖得多。

我是在2018年开市第一天买的这些股票。尤其是美国股市上日本股被大买，日本股市开盘就直线上升，我就抢购了相关的股票。

在那之后持续上涨期间，这些公司的季报相继发布。第一家是1月23日发布第三季度业绩的安川电机，4—12月累计经常利润①同比上涨85%，10—12月的业绩同比上涨62%。业绩极好。

一般看来，这是很好的决算。但是第二天，股价却下跌了4%。这是因为市场预期过高，而公司业绩没有达到市场预期。我也买了安川电机，看到未达预期有下滑趋势的瞬间，在早盘我就清仓跑掉了。

而且我马上联想到其他相关股票也会有同样的境遇。

实际上，我已经看到FA题材股的买入量在减少，股价也

---

① 经常利润是日本会计准则中独有的一个收益指标，相当于国际会计准则中营业利润与利息收入的总和。——译者注

有出现异动的。我当时仓位有150亿日元（约合人民币9亿元），大多数都是FA题材股，欧姆龙、瑞萨电子、法那可都有，我决定在季报公布前都卖了。接下来的一天，我卖掉了100亿日元（约合人民币6亿元）左右的股票清仓离场。按照我的交易规模，我一旦卖出，股票会跟跌很多，结果一天就都卖完了，想想还挺不容易的。实际上季报公布之后，那些股票都开始跌了。

之后空仓观察（不持有股票，涨跌对我的盈亏都不存在影响），我就有了这样的假设："安川电机和法那可都是日经指数的股票，至此日经指数多是受FA题材股的牵引上行，接下来跌的话，同样指数也会受影响。"因此，我做空了日经指数的股指期货。日经指数的股指期货是日经指数的金融衍生品，做空后如果指数下跌，做空的人就赚钱。因为下跌势头持续，此后我继续大量做空，如我所料，日经暴跌。

结果我一时的浮盈达到19亿日元（约合人民币1.1亿元），我就在推特上发言说"一举赚了19亿"。但在那之后因为持有时间过长，实际的获利只有12亿日元（约合人民币0.7亿元）。

■ "Jcom误下单事件"诞生了无业的大富豪

除此之外，我赚得比较多的交易是"Jcom误下单事件"。

这个事件非常有名，对于知道的人来讲有些无聊，但毕竟是十多年前的事情了，我简单回顾一下。

2005年12月8日。

瑞穗证券的负责人向东京MOTHERS市场①下单卖出新上市的综合人才服务公司Jcom的股票。本来打算下单为"以61万日元的价格卖1股"，结果输入成了"以1日元的价格卖61万股"。那是早上9点27分发生的。

因为是新股，开盘价还没有确定下来。在这个单之前，差不多要稳定在90万日元。就在这时大量的卖单出来，开盘价一口气下滑到67.2万日元。因为这是通常情况下不可能出现的卖出量，导致这之后股价继续大幅下跌，仅仅3分钟后的9点30分就跌到了跌停价的57.2万日元。

这位负责人随即意识到失误，取消了下单，但当时东京

---

① 东京MOTHERS市场是东京证券交易所1999年11月11日在一部、二部股市之外又成立的一个新市场，以新兴企业为主的股票交易市场。全称是Market of the high-growth and emerging stocks，意为"高增长新兴股票市场"。——译者注

证券交易所的系统还不能支持取消指令。因为1日元的卖出完成不了，就在可下跌价格范围内来处理61万股的卖出单，也就是采取了"认定处理"，但是取消是不可能的。

这位负责人几次取消指令，在东证直通的交易系统上也试着取消，都不行。

他给东京证券交易所打电话直接请求取消，也被拒绝。因此，瑞穗证券决定把卖出的股票全部买回来。

大量的买单进来，股价大涨。9点43分涨停。

之后，看到误下单而开始买入的个人交易者以及看到急跌狼狈卖出的持有者都动了起来，股价大幅异动。10点20分股价最终涨停在77.2万日元。

尽管瑞穗证券做了相反交易，还是有9.6万股没有买到，最终被市场消化。

同一天，作为Jcom股票的主承销商，日兴证券的股票也跟着暴跌。

卖出甚至波及到其他的券商股和银行股，到了下午，市场担心误下单的公司可能会为了赔偿损失而不得不卖出持有的其他股票，导致日经全体大跌。

这一天，瑞穗证券蒙受的损失高达407亿日元（约合人民币30亿元）!

隔一天，瑞穗证券起诉了系统不完备的东京证券交易所。

判决的结果是，东京证券交易所负担107亿日元（约合人民币8亿元）的损失。另外，在此事件上赚钱的证券公司被要求返还收益，有6家答应。

因为是个热门话题，各大媒体也争相报道。

这其中有一个个人交易者——无业的BNF——赚了20亿日元（约合人民币1.5亿元），我也见过他。他作为大股东被记载在了股东持股变动报告书上。电视节目中他被叫作"Jcom男""无业的大富豪"，引人关注。

■ 秒间决断的6亿日元（约合人民币4,450万元）

说得有点长了，上述就是事件的概要。

我呢，从中赚了6个亿（约合人民币4,450万元）。

那么接下来，从我的视角来讲述一下事情的经过。

那段日子里，凡有什么重大事件发生，从2ch的股票论坛里时时都可以知道信息。当时大家都在嚷嚷"来了个超大的卖单"。

当我得知这件事时，首先做的是确认这个卖单是不是手误。

当时，证券公司的系统末端，即使输入大于总发行量的数值，系统也能接单。这是以前在相关的主页上看到的。所以，为了确认这个61万股的卖单是不正常的，我马上打开了Jcom的招股说明书。我看到61万股几乎是总发行量的40倍，断定这是个手误。

好机会来了。我想。

我决定能买多少买多少。

从看到消息到做决定，我花了大约20秒。

因为确认上花了时间，还需要手动下单，所以特别担心还没买到，那个卖单就被取消了。

我一个接一个打开电脑的窗口，分别买了500股。没有用市场价而是直接输入了价格大量买入。

最后买到了3,300股。

过后，顾不上紧张和兴奋，我绞尽脑汁地想如何才能保住交易不被取消。

在美国，没有手误单相关方面的法律，一般都是以卖的低价格的3倍价格买回去。但在日本我觉得不会那么偏执。证券公司把手误单都买回去的话，也要承受上兆日元的损失。

而证券公司承受不起这个金额，我就想会不会所有的买卖都被取消呢？这是最可怕的。

买后10分钟，第一次涨停的时候，我觉得一切都可能打水漂，所以就都卖了。

因为我觉得一直持仓下去，如果都被认定无效的话会非常麻烦。

我把套利的几亿日元都买了瑞穗集团和任天堂的股票。如果Jcom的交易被认定无效，那么接下来的两笔交易也不可能成立。赚的钱就像是从天而降一样。

钱最后能否落袋为安是关键。

钱不到手，心有不安。

赚得越多，越不能沾沾自喜，悠然自得。这时候，巩固胜利的成果尤为重要。

越是大赢，越有可能化为乌有。

提个不搭边的话题，我从年轻时起就打麻将，就在赢得不亦乐乎的时候一切化为乌有的经历有过几次。不管过去如何，如果这次Jcom上赚的钱都归零的话，那也太遗憾了。

我认识的个人交易者中，还有几个人赚了很多。无业的大富豪BNF和另一位散户uoa一直持仓到Jcom公布了股东持股变动报告书。股价比当天的涨停还高出将近20万日元，每股达到约97万日元。大获全胜的感觉吧！

但我和他们不一样，比起收益的最大化，我一直在考虑成果如何不被日本政府化为乌有。

进一步考虑的是什么原因导致的这个公司误下此单。还有就是损失额大约有多少。损失额过大的话，交易就可能被取消。如果只是数千亿日元的话，大型证券公司还能承担这部分责任。但接下来，这家公司的股价就会下跌。

为了应对这种情况，我考虑做空大型证券公司和银行。我自己这么想，发现2ch的论坛上也在讨论同样的话题。

网上的信息果然很快。但最终，我没有做空。

在这个事件上，总有人问我："为什么不一直持有那3,300股呢？""一直持有的话，不是赚得更多吗？"

但对我来说，同样的情形即使再发生100次，我想我都会做出同样的选择。因为我只会在平衡风险和收益之后，采取行动。

这样的误下单今后还会发生吗？

东证在Jcom事件后，引进了名叫箭头的交易系统。结果就是，大规模的误下单不太容易发生了。

2018年2月末的一天，又有数百亿的卖单出现。"这个是手误？但看起来太假啊。"我寻思着，但没有买。要是数百兆的话，那肯定是手误单，但数百亿的话也在可以接受的范围内，比较可疑。因为在那之后股票下跌了很多，所以我想其实就是有人在卖。不知道谁为什么在卖，那只股票就是日产汽车。2018年11月，因为前董事长卡洛斯·戈恩的被捕和卸任，日产汽车备受瞩目。

■ 总之要有个假设

我也许可以自诩为股市宅男。

我总在思考"这个情况发生的话，这样操作会赚钱"，这样的假设大约能有几十个吧。偶尔会有发生的，我就会很得意，"看，来了吧"。

但不是那种比较常识性的假设，比如"日元走低，出口企业的利润上升，股票也会走高"。

不是那种被人熟知像常识一样的，而是几乎还没有人想过，有明确的投资逻辑的假设。或者是谁也没有指出来，抑或逻辑很不清晰，但从以往经验来看有明确的相关性的。

比如我现在关注的就是，日经指数①的计算方法。

现在的日经指数里，运营优衣库的迅销、法那可、软银集团、京瓷等比重非常大。一个小型建筑公司的股价仅仅数百日元，即使涨停了，对日经指数的影响也不如迅销上涨10日元、20日元。

由于这种扭曲，导致现在单价较高的股票很难被编入日经指数。

比如任天堂或者村田制作所都是一股超过1万日元的股票，一直被传说要被编入日经指数，但至今没有定论。

就是说，将这种单价较高的股票编入后，日经一瞬间就能浮动300日元。日经指数的负责人也会被指责"编入这样的股票，不是有悖常识吗"。所以，现在单价在4,000日元到6,000日元的就是上限了。

不过，针对这一点有两个解决方案。

一个是强行编入。另一个就是陆续编入。一般日经成分股变动的一个月之前，分析师们就会给出各种推测："这次真的轮到任天堂和村田制作所了。"之后，被提及的股票就会上

① 日经指数：全称是日经平均指数，1971年由日本经济新闻社推出的代表日本股市的指数之一。选取东京证券交易所中具有代表性的225家上市公司的股价的算术平均值。——译者注

涨，有机会赚一笔。

但我认为谁也没想过"任天堂之类的股票价格过高，如果编入日经指数影响会消极，编入是不可能的"。

另一个解决方案就是把日经指数的计算方法改成和东证指数①一样。我认为，改了的话，就意味着单价高的股票也可能编入日经指数，而单价高的股票就会被视为编入日经指数的题材股受到追捧。如果真发生的话，我会在公布的瞬间，分别投10亿日元（约合人民币6,000万元），买5—10只还没有编入日经指数的股价超过1万日元的股票，估计能涨个10%—20%吧。

我总思考着这样的可能。

■ 股市中还有很多不为人知的策略

很久以前，大家传言前UFJ银行可能破产。

那个时候正赶上大荣②可能会融资或者还有什么其他的

---

① 东证指数：全称是东证股价指数，代表日本股市的指数之一。选取东京证券交易所市场一部上市的所有上市公司，将基期1968年1月4日的市值总额定为100点，由当天收盘时的市值总额对比计算出的指数。——译者注

② 大荣：株式会社Daiei，在日本关东地区、近畿地区运营连锁超市。由于经营不善，2004年破产，2015年被永旺集团收购。——译者注

资本市场的动作，所以股票停盘了。"啊，不能交易了。怎么回事？"我边想边看，这时候就开始有下单的迹象。所以，我输入了一个涨停板值。反正也停止交易了，即使下单也不会成立。

接下来，UFJ控股和大京等公司的股票直线上涨。于是我开始做空UFJ和大京，然后取消了大荣的买单。随即，UFJ和大京开跌。

这时候，我开始买回UFJ和大京，再次以涨停价下单买入大荣。于是，UFJ和大京又涨上来，我又开始做空。UFJ银行是大荣的主要债权人，同样大京也是前UFJ银行的债务人并且还有人员往来。要是平时想都不用想，大荣和大京这样完全不同行业的股票是不会联动的。

大荣的下单策略两次奏效。第三次涨上来的时候我又卖空试了试，没有反应。我就撤了。

为什么想到了这个操作呢？

过去有新股上市的时候，不管是拉面馆、房地产公司，还是IT公司，尽管行业不同，上市日期接近的公司，股价有联动的倾向。我是由此得来的灵感。

同一天上市的两只股票，我会大笔买入一家，而另一家，我则推高股价，这样期待着大笔买入的公司的股价能大幅上涨，类似这样的操作。

完全不同行业的股票，即使没有什么特别的理由，股价还是会联动。

比如工合在线娱乐和株式会社ACCESS（股票代码：4813）两家公司，只有股价高是相似的，而其他的完全不一样，但为什么会联动呢？

没有逻辑，股市呈现出的事实就是这样。

因为大荣停盘了，所以即使下单也不会成立，之后取消的话就完全没有风险。无风险套利，这样的交易很划算。

可以想的、可以做的还有很多。股市这个游戏中还有很多不为人知的策略。

■ 股市中两条泥鳅的情况时有出现

从这点来看，了解过去，非常有益。

不过，学习过去的案例，一般情况下不会赚钱。但在特殊的情况下，如果知道过去类似的案例，就可以马上联想到一些获胜的逻辑。

比如Jcom股票误下单的时候，如果不知道过去误下单的清算以及确认方法的话，相对比较保守的我也许就不会去买了。

股市上第一条泥鳅特别好吃，而第二条也时有出现。但是第三条的话，就不知道了。

所以大家都争先恐后地寻找第一条，但要抓住其实很难。

而第二条的话，是从市场经验中学习来的，很容易赚钱，而且赚得也很丰厚。

但一般广泛流行的却是第三条。这个就喜忧参半了。杂志《ZAi》和《SPA!》刊登的就是第三条，不，可能都是第四条了。

受媒体追捧的话题都是过时的，以广为人知的信息来赢过别人是不可能的。

最好理解这一点。

■ 只读书是不会跑赢股市的

我自己出书却还说这样的话，有些不靠谱，但确实，读书也不会跑赢市场的。

股市的书也好，经济学的书也好，都是过去时。

比如经济学的教科书都会写"利率上调，股票就会下跌"。因为利率上调的话，对于投资人来说，比起股票，投资债券会更加有利可图。

可实际上，利率上调时，股票有时会涨得很好。这和经济理论是背道而驰的，所以会觉得"教科书在说谎"。

经济形势好的时候，企业不断地刷新业绩，而重视业绩的投资人就会蠢蠢欲动打算加仓。这个时候日本央行或者美联储一提息，股票会持续上涨。越涨越高创新高后，会大跌。也许对于大型基金和投资银行而言，买债券收益更高吧，所以这个时候1,000亿日元的卖单就出现了，我想这就是资金转移到债券里的原理。

所以，书上虽然写着"利率上调，股票就会下跌"，实际上资金从股票转移到债券的过程还是很曲折的。

而应对的策略应该是"随时可以离场的买入"。不要持有很大的仓位，一旦发现哪里不对头了，马上折现。

并且报纸和杂志会写"以过去的经验，利率上调的时候股票虽然上涨，但之后会大跌"来概括这个过程。但如果大家认真读了我的这本书，会发现其实也不尽如此。

市场捕捉到的第一条泥鳅特别好吃。但之后如果套用这个理论的话，就很难了。

这样想来，利率上调的时候，买一个股指期货，再买一个低于现在股价1,000日元以上的看跌期权（股价下跌时起到降低损失的作用），以这样的策略，就算盯上了第二条泥鳅。

但同样，如果这个做法也广为人知的话，也没有什么可以做的。

市场其实是倾向于规避风险的，所以如果有两次暴跌的印象的话，第三次就会警戒而向相反方向变动。也就是说，知道市场是怎么想的非常重要。

最近的一个热点话题就是，运营"LoveLive! 学园偶像祭"这款手游的Klab的股价总在手游里偶像生日的那天上涨。可能是有人用红包来买的股票吧，所以就有人将其命名为"生日投资法"。最开始这招非常奏效，注意到这个趋势第二次跟投赚钱的也大有人在。但是，在网络上盛传之后，抢先买进当天卖出的人越来越多，结果生日当天股票以跌收场的情况频频出现。

■ 媒体不可信

关于股市，最好不要依赖媒体。

上午收盘后，解读股市的电视报道每隔一小时就会公布交易额的排名。比如就有这样的报道："虽然日元上涨，由于对丰田汽车的在美业绩预期较高而买入增加，丰田的交易额排名第一。"

那时候，东证的交易额排名靠前的股票，我也买了很多。因为我只在上午交易，所以几十亿日元的买卖也是常有的，对于上午的交易来说占比很大。如果要是看股市全天的交易的话，我的交易量不到10%，但是要看早上10点左右的交易的话，有时会占到30%。

所以那个电视节目说什么汇率啊，美国市场啊，不过就是堆砌一些要素，然后联系在一起照本宣科地讲出来。而交易占比30%的我，完全没有想过那些要素，就是想明天卖所以今天才买。

那个时间段明明影响股价的是我，但媒体完全不知道我怎么想的，而是凭空想象来解读的。

以前为了止损，我还卖过将近50亿日元的软银集团的股票。结果那时候，媒体的解读是"昨天阿里巴巴的股票走势不好，所以今天软银股票下跌，交易额排名第一"。不对的，不是那样的，就是因为我卖了。结果，阿里巴巴跟着躺枪。

根据这样的解读，还出了分析股票的书。所以，我从来不相信谈股票的书。

说个题外话，有个周刊杂志在封面上明晃晃地写道"全世界股市大跌之时，我们访谈了赚了37亿日元的人"，还给我做了一个长篇的专题报道。这个杂志还写道："我们独家接触到了这个除了海外媒体没有接受过任何采访的人。"其实，他们不仅没有见过我，就连写的内容也是从我的推特上照搬过去的。

引用我推特上的内容倒还可以，但捏造直接采访什么的完全不可信。

第三章

取得成功的重要一步是可以冷静地
看待股市和自己

在股市里，为了获得收益是一定要承担风险的。

风险是绝对的。

害怕风险的人不适合炒股。

为了成功，尽早行动也很重要。

就像我写的一样，我的操作很简单。我的一些身为交易者的朋友们也这样评价。有时候，他们会猜测"这是不是cis在卖股票啊"。十有八九都猜对了。

自从开始赚钱，我的操作确实变得简单了。

经验越丰富，可以运用的操作策略就越多。但想法其实很简单，我觉得炒股的人都能理解。

那么，为什么大家不能跟我一样呢？因为再简单，动用自己的钱来操作也很难。大体看来应该卖，但想着可能还会反弹吧，结果思虑过多。

股价上涨后，我会买得很开心。

但一般人首先不会买。一定想这是目前为止的最高价了，会不会回落啊。比如苹果涨到400日元（约合人民币24元）一个，一般就不想买了。

但是，这一点在股票上就行不通了。

大多数人都是"低买高卖"，所以贵了之后就不愿意买了。但想一想，和什么比贵了呢？是和过去的股价。而下跌了也是和过去的股价相比显得便宜了。

确实明显有泡沫的话，就不存在合理的价格。卖的比买的价格高的话就赚了。但最好不要和过去相比。

■ 我刚开始炒股的时候，随心所欲地假设，结果一直赔钱

刚开始炒股的时候，我一直赔钱。

在网上券商开户的时候，我打入了300万日元。那时候我大约有1,000万日元，是在大学毕业前赚的。之后我把剩下的700万日元，以及月工资除去5万日元生活费后的20万日元也都追加进去。但是，账户里的钱却越来越少。

那时候，我按照自己的方式做财务分析，寻找那些便宜

的股票来买。

在同一个行业里，我一般挑便宜的股票买，等着市场重新评估来赚钱。也就是按照基本面来投资：先做财务分析，接着计算企业价值，然后买股票。

比如，其他的条件都相同的情况下，利润10亿日元而市值100亿日元的公司和利润100亿日元而市值500亿日元的公司相比，我会买500亿日元的。因为两者相比，后者的利润是前者的10倍，而市值却只有5倍。利润100亿日元的公司如果市值5,000亿日元的话（相当于利润10亿日元公司的50倍），市值100亿日元的公司就显得便宜了，就该买这家了。

■ 我一直赔钱的原因

当时东证一部^①上市的公司一般都比较贵，Jasdaq^②和东

---

① 东证一部：东京证券交易所共有6个交易市场，分别是东证一部、东证二部、MOTHERS、Jasdaq标准、Jasdaq成长和Tokyo PRO Market。其中，东证一部主要云集市值在500亿日元（约合人民币30亿元）以上的大中型企业，无论从业绩、公司信用到品牌力等各个方面都是一流的。2019年4月26日共计2,141家。——译者注
② Jasdaq：各种业态的企业都有，多处于成长期。2019年4月26日共计715家。——译者注

证二部①的股票从数值上看比较便宜。

那时我关注过一家叫作日本航空系统（JAS）的公司。后来这家公司被日本航空（JAL）收购了。

这家公司比日本航空和全日空都便宜很多。所以我坚信市场一定会认识到它的真实价值，而股价会回复到相应的水准。按照这个想法我买了股票，可是买后就跌了。本以为马上就会反弹，就又加仓，结果股票继续下跌。

最后，这家公司以一个很不合理的股票兑换比例被日本航空收购。我收到了贵得离谱的股票，也被逼到思考"该怎么办"的境地。

正赶上日经跌过10,000点，分析师们都喊着很便宜了，但股票还是下跌。我意识到他们说的话完全不可信。

网络泡沫后，正是新兴的小盘股开始上涨的时候。所以，越买便宜股，越不赚钱。

我赔钱的不只是日本航空系统，半年里一直赔钱。

大约赔掉了1,000万日元，最后账户里只剩下104万日元。

这个期间的做法行不通，是因为没有注意到所谓便宜不过是主观臆断。

① 东证二部：多为中坚企业。2019年4月26日共计492家。——译者注

我当然是做过财务分析后得出便宜的结论，但股价里已经反映这一点了。

与其思考价格没有反映真实的价值，不如在股价中寻找答案，相信市场给出的价格是合理的。

市场已经把像日本航空、全日空和日本航空系统这样的大型股票研究得很透彻，不可能便宜却还置之不理。

所以即使看起来便宜，也是谁都知道的信息了。

又没有像内线交易那样事前就知道的涨跌信息，公司的成长潜力和股价走向完全琢磨不透。

也就是说，自己没有一点优势。如果没有什么可以胜人一筹的地方，就不能赚到别人的钱。

要是用谁都知道的信息的话，那肯定赚不到钱。

被人信赖的公司会得到更多的信赖，而便宜的股票会更便宜。这才更真实。股市不会本着公平和平等的原则而变化。

主观臆断认为便宜就买入的结果只能是赔钱。

我意识到这一点，痛定思痛后，才摸索到现在的风格。

■ 市场的信息只能向市场学习

总有人问我："你怎么学习的？"

我的方法就是，心无旁骛地观察股价的动向。

市场的信息只能向市场学习。

书本里提到的知识都是过去时，对将来没有帮助。

也总有人问我："你有多努力？"

半夜三更，如果想知道股价的变动的话，我就会起床看盘，挺努力的。

但是，我不是勉强地看，而是当作游戏一样看得津津有味。

我就是这样做到现在的。

作为交易者最难的也许就是，自己的理论一次又一次地被否定。

买的股票下跌的话会止损，但之后又涨起来了，会再去买吗？也就是说，止损的时候已经否定自己一次了，之后买的话是不是要再否定一次。

就我自己而言，其实是完全不在乎的。**在任何论胜负的事情上都一样，不能客观地评价自己的人一定不会赢。**

除了走出炒股赔钱阴影的时候，我并没有意识到自己在炒股方法上的转变。但是，一直不停地向结果学习，每天都会有小小的改进。

开始赚钱的时候，是我搭上养老金和基金的顺风车，转而去买小盘股了。

我觉得这个方法现在也适用。之后，以此为基础，我反盘操作，或者放长持有时间顺势操作等等，可行的方法越来越多。虽然我说补仓是最差的，但我也做过类似的交易。

有好几次，我也想过"最近没怎么赚钱啊"。但是还没有到自己已经不行了，也谈不上是萎靡不振。

我只想着几分钟后的股价和明天的股价。

完全没有时间去想自己还能坚持吗，或者考虑进退的判断对不对。

比起自己的状态，市场的状态更重要。

说一千道一万，赶上市场的节拍最重要。

我虽然是在炒股半年后开始赚钱的，但是对市场的理解却是随着经验的积累日益进化。

如果说现在是100的话，刚开始赚钱的时候不过就是20。

现在想来其实很低，不过就是偶尔赚了几次。

当时，机构和基金等大批资金流入，我想我是搭了顺风车。

赚钱的时候，我马上总结经验，快速行动，并且全力使用了杠杆。

和当初相比，现在的市场变得更为复杂。

现在的我更加不信任市场。

更加敬畏市场。

所以，逃得更快。

■ 新闻方面，比起NHK，推特更快

平时我只看股价波动和推特。基本上是看推特，发现什么可疑的变化，马上减仓一些，然后再查新闻。

比如买了1,000张日经股指期货，假设30秒后下跌了150日元。这时候，我会卖掉500张，减仓一些，做到无论发生什么都可以应对。之后看看新闻。就是说，我在还不了解情况的时候，甘愿止损。

之后，如果发现什么也没有的话，我会想："刚才怎么回事？难道就是让我破破财吗？"但只能接受。

推特的新闻是最快的。也就是小道消息。

美国总统竞选特朗普胜出时，当地的推特是最快的，路

透社、彭博慢了近30秒。

NHK等的日本新闻则是慢了几分钟。

所以，我基本上只看推特。我也读报纸和杂志，但纯粹娱乐。这样就够了。

例如Coincheck①的虚拟货币NEM被盗事件，传言还是比新闻快。最开始在推特上，有人写道："有大批NEM被转移的记录，没事吧？"我虽然没有跟踪这个发推特的人，但经过大量转帖，自然而然地就看到了。

因为日本、美国、欧洲三个市场时差的缘故，星期一最早开市的是日本股市。

因此如果在周末发生重大事件，日本股市最先受到影响。

一旦发生像英国脱欧、特朗普当选等这样欧美的政治事件的时候，股票都会被抛售。这时候，日本股市总会过度下跌。

从我的经验来看，这种时候90%的情况下应该反盘买入。

就像特朗普获胜时，想着"接下来该怎么办"的时候，就该反盘买入。

当然这是有大事件发生的情况。通常情况下，道琼斯股指期货下跌的时候反盘买入是违背我的"买涨"的原则的。

---

① Coincheck：日本的一家虚拟货币交易网站。——译者注

相反的情况下，如果周末美国出现什么利好消息，道琼斯股指期货大涨400点的话，日经指数也上涨了，那么就该做空。一般会马上回调的。

■ 要注意内线交易

对于我这样只动动鼠标的人来说，有时会借力于一些可疑的交易。其中的典型就是内线交易和庄股。

不管怎么看都觉得可疑的交易出现的时候，而且感觉明天也不能上涨的话，我就逃跑或者搭车卖出。于是，闭市后负面信息公布出来，股票第二天暴跌。像这样，自己感觉像得救的情况特别多。

实际上，大多数情况下，内线交易等可疑的交易是能观察到的。

比如，回头看"活力门事件"的话，当时很早就清仓离场的大有人在。各种新兴股票大涨的时候，只有活力门稳定在700日元左右，完全不上涨。我就觉得可疑，后来发现被监管者盯上了。

这个年代，信息容易泄露，所以有任何可疑的买卖的话，

想成是内线交易就好了。

恶意谣传扩散开来后，总会出现不想买的人和只能卖的人，相比其他股票，这只股票就会在价格上产生异动。这样的信号很有帮助，就不要再出手了。这样，逃跑的速度会发挥很大作用。

我就是一直盯盘，看到卖出多了，就会清仓跑掉。这样的做法帮助很大。

交易量大的时候，多数伴随着内线交易，还有其他的经济犯罪。接下来，电脑会进行监督，交易会干净很多。

那么如何判定内线交易等可疑的交易呢？

我刚开始也不知道。

也不记得什么时候开始注意到的，反正盯盘盯了两周左右后就领悟了。

一旦盯盘，我才发现和想象截然不同的视角和信息。

买最低的交易单位，买后一直观察的话，能学到很多东西。

涨跌这样的大趋势形成之前，我逐渐了解了买卖缘由的个别因素。

■ 怀疑有"庄股"介入的时候就是好时机

我很擅长对付"庄股"。

供求失衡、股价大幅异动对于短线来说都是绝好的素材。

我不在乎"庄股"为什么介入一只股票。

借助庄股的炒作，能早点卖掉，投资效率会很高。

现在我的资金量有些大，就不怎么看小盘股了。但在总资产达到60亿日元（约合人民币3.6亿元）之前，我还是常常观察那些有异动的小盘股的。

但即使大家都说是"庄股"，我也不知道到底是不是。

比如从2003年开始，新兴股票一直上涨，起初大家都说是有庄家介入。但后来，买的人越来越多，而在股票涨得更高的时候，发现是养老金等大型机构在购入，并成为了大股东。

即使看起来像是庄家在炒作，实际上我也不知道谁在买。

所以，不用判断是不是庄家，看股价的变动就好了。

■ 有"盲目的资金"异动的时候就是赚钱的时候了

像年金这样"盲目的资金"入市或者出市的时候是最赚

钱的。

现如今，整体的资金量变大了，盲目的资金的比例显得小了，年金或者投资信托抑或海外基金就相当于盲目的资金。

这些机构一般会在指定期间动用几百亿日元连续不断地买入一些股票。我把其中那些大宗交易称为盲目的资金或者说是"原动力"。

盲目的资金流入的时候，如果能搭上顺风车就会大赚。

相反的，资金流出的时候，觉得他们快卖完了的时候就可以买入了。

盲目的资金流出并且还有其他下跌的要素的时候，就可以做空。比如财务状况不好，有增资需求的时候。

但我不太喜欢做空。一方面做空有成本，另一方面如果做空，达到股票总发行量的0.2%以上就需要申报，很麻烦。0.2%一卖就到了。

2017年神户制钢发生丑闻的时候，我卖空了一些，结果还需要申报，弄得很麻烦。现在的网上券商会帮助申报，方便很多。比如SBI证券就会帮助自动申报，交易者只需要确认一下对错就好了。

另外，我能用的网上券商有SBI证券、乐天证券、Kabu.com

证券、SMBC日兴证券、摩根士丹利MUFG证券，还有瑞穗证券6家券商。以前我只用一家，但遇到系统维护等交易不了的时候就试了试其他的券商，有必要保留几家。但现在也不必这样做了。

智能手机上的应用很便利，买卖也变得容易，就不需要那么多的券商了。

■ 在不失去理智的时候隐退

随着炒股经验的增加，我感觉自己在风险管理等方面的综合能力也在提升。29岁的时候会想，"自己今年是不是没有去年做得好"。从那时算起，10年过去了，今年自己39岁了。

我对股市的反应，很早之前就开始走下坡路。不说资产，脑力和体力的话，明显在下降。**所以现在的自己，最重要的工作是不要过度自信，也可以说要考虑适当的隐退时机了。**

什么时候隐退，之后过什么样的生活还不知道。因为我的身体很瘦弱，喜欢温暖的地方，冬天的话马尔代夫或者南半球会不错吧。但是我又晕车，讨厌坐飞机，也许就一直待在东京了。不到那个时候，真不知道会怎样。

第四章

职业：交易工匠

生在可以发挥打游戏的本领的时代是一大幸事。

交易是"金钱的零和游戏"，

而我的职业不过就是交易工匠。

交易的本质是"金钱的零和游戏"。

比起互相争夺金钱的一面，我更喜欢游戏的一面，做起来很开心。

本来我就是个游戏玩家。

好像顺其自然，我就成了交易工匠。如果我生在过去，什么本事也没有，也就浑浑噩噩地度过一生。

所以，生在可以发挥打游戏的本事的时代是一大幸事。

正因为在这样的时代成为交易工匠，才能积累了230亿日元的资产。因此现在，我才可以动用其中一大笔资金来炒股。

我也想过这样动用成亿的资金，"如果是明治时代的话，不是政府的话，谁还能做呢？"虽说如此，我完全没有建个钢铁厂的打算，而且说实话已经没有必要赚更多的钱了。

但我就是觉得开心，所以还在做。

交易工匠起得很早。

平时8点起床，8点55分的时候已经坐在电脑前了。

但如果打算动用100亿日元以上的话，夜里会醒三四次，6点半左右开始就边看汇率边思考。我觉得特别开心。

过去我也看美国市场，一天连轴转。结果，肾上腺素分泌过多，毁掉了身体。

所以，我现在基本只在上午交易。

上午交易最重要的时间段是9点到9点20分之间。

之后的时间里，我读读漫画和杂志，也做些其他的事情，顺便看一眼盘。下午不操作，所以会外出。每周和投资人朋友打两三回麻将，再去喝酒。

■ 我对重分红的股票不感兴趣，因为不赚钱

我基本不做长线投资。

连明天的股价都不知道，更别说预测半年后、一年后甚至

十年后的股价了。

忘了在哪里看到的，据说全世界100位知名分析师长期预测的结果，正确的概率是45%—55%。

平均的话只有49%，比抛硬币的概率还少1%呢。

即使作为专业一直学习的分析师们的预测和抛硬币的结果也只是不相上下，说明现实是相当残酷的。

今天，股票买卖的状况一目了然，对于打算买的人来说是有优势的。**我认为发挥今天的优势比起预测长期更切实际。**

而且对我来说交易本身就是目的，我对长期投资，或者分红又或者股东优待完全不感兴趣。

但也有例外，比如我持有吉野家和松屋的股票。松屋的股东每年可以免费吃10碗。

说到松屋，因为不用站队买餐券，我经常是坐到位置上递给服务员一个优待餐券，"来个大份的牛肉套餐"。

刚开始买股票的时候，为了享受这个优待，我买了所需的最低单位的股票，至今还持有。炒股将近20年，有种纪念品的感觉了。每年有很少的分红和优待餐券，我偶尔去吃一吃，大部分都送给朋友了。

还有就是去鸟取县的时候，买过放在软管里的青苹果果冻，特别好吃。所以就买了出售这种商品的叫作寿Spirits的公司的股票。

我去鸟取县的时候，机场几乎没有人，我还担心，想着"没问题吧"。而且寿Spirits的股价还特别低。

买的时候我想这家公司可千万别倒闭了，就看到2ch上有人写道："寿Spirits不错啊。"结果买的第二天就涨停了。

一直放在那儿没有管，最近看了一眼，涨了相当多，惊喜之下赶紧卖了。但即使一直持有，对于我今天的资产来说也只是九牛一毛。

重新调查了一下，发现这家公司很大，为了业务多元化收购了很多和式零食公司。之前我还想着千万不要倒闭，其实人家很努力。

我唯一一直持有的是在我叔叔的公司工作时候的主要客户—— 一家橡胶制品公司的股票。

辞职一年后赚了不少钱的时候，我希望他们"不要停止购买我叔叔公司的产品"，大量买入了这只股票而且还是大股东。

我没和我叔叔说过，不过听说他接到了对方的电话。

好像询问"在您公司工作过的××买了我们很多的股票，

他不是炒作或者要收购吧" 之类的。

感觉很不可思议。

尽管以前我去做销售的时候,聊了很多有关交货期和质量的话题,还接受了他们的降价要求,但是成了大股东之后,问候的时候或者参加股东大会的时候,他们会很礼貌地问候我 :"×× 君,好久不见啊。"

买的时候市值大概4,000万日元左右,2018年初的时候已经涨到1亿日元了。我也不会做什么操纵股价违规的事情,股票也上涨了,而我也辞职了,所以小心谨慎地持有着。

叔叔的公司没有上市,所以买不了,我就把感情寄托在这只股票上了。

■ 我成为一个多面手的理由

我完全没有意识到个别的股票和每天的胜负。

比如买了10只股票,我并不在意其中有几只上涨之类的。

以天为单位的胜负,说在意也在意,说不在意也不在意。

股市每天都开盘,在意也没有意义。

做职员的时候,我还会很感性地去想赚了工资的几倍之类的，专职炒股后没有这个感觉了。

有很多交易者有固定的赚钱方式，比如很擅长小盘股，或者只在大跌的时候买股票。

而我则是什么手法都用，别人说我是个多面手。理由就是我的总资产规模变大了。

资产达到40亿日元的时候，即使是大盘股或者期货或美元日元外汇交易，只做一种的话，资金无法得到有效的配置。

有个词叫作波动率，是指个别股票的资产价格的波动程度。同样价格的股票，如果一只平时的波动只有10日元，而另一只却有100日元的话，我们就说第二只的波动率比较高。

针对有大波动的股票进行大量买卖的话，效率最高，这也是我的基本运作方式。

说实话，买入价格变化容易理解而且波动率高的股票，在适当的时候全部脱手是最完美的。但是资产达到数十亿日元后，就没那么容易了。

如果我只是简单下一个大宗买单的话，股价立刻就会涨停。卖的时候也是，一旦开始卖的话，会引来更多的卖单，股价会大跌。

比如日本市值最高的丰田汽车，按照现在的价格，30亿日元可以买50万股左右，买卖的时候我不得不承担巨大的流动性风险。

市场稍有风吹草动，大家一旦离场，丰田就会在卖的时候下跌1%，折合六七十日元。

现在有了应对手动卖单的算法，即使是丰田，想有效地买卖的话，30亿日元就是上限了。

因此，资产规模变大后，有效地买卖个股就没那么容易了。如果不能取得什么战果，即使抓住个别的好股，剩余的资金闲置的话也没有什么意义。

所以，包括虚拟货币在内的，但凡有利可图的投资机会我都不得不看一看。

现在我的交易中，日经指数的股指期货比较多。交易总量大约是500—600张。日经指数2万日元的话，可以买100亿到120亿日元。平时买200张观察一下。但也有像今天这样连续几天，只是手续费就交了1,500万日元而赔钱的时候。

但这样做，每天都可以观察股市整体的动向，不会错过有大波动的机会。

日本银行或者特朗普有什么动作的时候，市场会有波动，所以要一直观察有没有这样的机会。

也就是说，要时刻寻找可以大赢的异动机会。

我的交易单会推动股价，对我非常不利，所以我很不愿意做。1,000日元开始买的股票，买完就涨到了1,100日元。股价涨得不自然，就会招来更多的买单，结果我的平均购买价会到1,060日元。

同样，1,100日元开始卖，卖完的时候已经跌到1,000日元了。卖单招来更多的卖单，结果我的平均卖出价格是1,040日元。

大宗买卖本身就很赔钱。

所以假设1,000日元开始买，我不会买到1,100日元。

这样，就可以把买卖差价控制在2日元，即0.2%左右。

实际上如果盯盘的话，可以买得更有效，不会去做差额很大的买卖。

■ 房地产投资就像对我的惩罚

我也尝试过投资房地产，但与其说是投资，不如说是强制劳动。

雷曼兄弟倒闭后，房地产价格暴跌，为了学习和研究房地产投资，我买了办公楼。

因为我家附近没有便利店，所以我想把周边的楼买下来，再安插一个便利店岂不是很好。

现在我在东京有两栋办公楼、一栋公寓，还拥有名古屋的一栋办公楼的一部分。

但结果，我领悟到的是"不买就好了"。

成为业主，这虽然听起来很让人羡慕，其实则不然。完全不赚钱。

我持有的房产的市场价格为20亿—25亿日元，而相对应的税后租金收入还不到3,000万日元。收益率不到1.5%。

即使地价不变，房屋本身也会老化。租户也没有想象的那样进驻很多。

如果算上大规模修缮的追加投资，收益率还不到1%。

更重要的是，作为业主有很多义务，要填写很多材料。尤其是房地产不能马上折现。

我觉得如果有买楼的钱的话，买点别的会很轻松，还赚钱。仅是买美国国债的话，收益率还能到2%—3%呢。

如果稍稍使用些技巧，分散买10家不会倒闭的美国企业的债券会更好。美国企业债券的平均收益都在4%左右。美国实行低利率的时候，每个月的美元、日元汇率风险也就0.1%—0.2%左右，完全可以规避风险。

虽然买这样的债券需要些技巧，但比起管理房产花费的劳力要容易很多。既没有作为业主的义务，收益还可以达到其四五倍之多。

如果很享受做业主的感觉的话，没有问题。但对我来说，食之无味。

毫不夸张地说，房地产投资就像对我的惩罚。

补充一点，其实我自己是租房住的。

最开始我离开父母家的时候，大约有2亿日元资产，搬进了一个月租金28万日元的公寓。选择那个公寓的理由就是打麻将比较方便。

之后有了孩子，钱也多了，搬到了现在的公寓，月租金180万日元，包括停车场的两个车位的租金。不是那种塔楼式高层公寓，而是低层的。我完全不理解住在高层的好处，连出个门都要走5分钟。

花钱租房特简单，所以完全不想买房。再也不敢持有房产当业主了。

像现在这样，因为付房租，所以家里灯泡坏了，只要和前台说一声就给拿来一个。网上订的瓶装的大麦茶也给搬到家门口。要洗的衣服交给前台就帮着去送洗，还帮着接收。

也完全不想自己建个房子成为独立王国的主人。我觉得那些不过是自我满足罢了。**相比之下，我更享受帮我把成箱的大麦茶搬到家门口的舒适。**

■ 投资中最重要的是效率

投资圈中的一位朋友40岁的时候花了5亿日元买了公寓。这本没有什么好坏之分，买的时候他的资产规模大约有7亿日元，买完后就剩下1亿多日元了。

但对我来说简直难以想象。

用他的话来说，只要炒股，就不会知道明天会怎样，所以想给妻子和孩子一个确定性高的资产。

我就追问他，要是做这么低效的配置的话，为什么还在炒股呢。我又唆使他，既然买了，上策就是即使有损失也要赶紧卖掉。如果不卖的话，也可以把公寓抵押，贷些款。

因为只要炒股，资金量是关键。

投资做得越好的人，投资以外的事情上越保守。

如果赚了一个亿的话，花600万就可以了。

如果花1,000万的话，就有点多了。

没有启动资金的话，不能买卖大的，自然也赚不到大的。

我本身都是寻找大赢的机会，几乎把所有的钱都押在上边，觉得这样效率才高。

所以我会着眼于那些波动大的股票，而决定胜负的就是资金量了。

对我来说效率是全部，绝不会像他那样去做。我感觉他有20%—25%的可能不得不退出股市。

但结果，他没有去抵押房产，而是增加了启动资金。但每当他交易有问题的时候，我就会提及此事。正因为有这样的人，才有意思嘛。他的名字叫降临。是个昭和时代不折不扣的老赌徒，一副当时黑社会的长相，但现在变得像个圆圆的和蔼慈祥的老头儿。

我现在的资产中，一直持有的股票占比不到1%，黄金和铂金有2%，房地产占10%，再保险产品占10%，外币、债券等有大约6%，剩下的70%都是现金。

所以现金大约有160亿日元（约合人民币9.6亿元）。**打算一决胜负的时候，除去税金账户里的10亿日元**（约合人民币6,000

万元）以外，**150亿日元**（约合人民币9亿元）**用来交易。**

如果什么都没了，黄金和铂金就是最后的保险。

我想把家人生活用的钱准备好，然后尽情地炒股。虽说如此，如果东京被投放炸弹了，其他财产都灰飞烟灭，凭我的体力的话，黄金和铂金也会被抢走。那样的话，也起不到保险的作用了。

投资房地产和再保险产品是为了学习。现在切身领教了房地产是如何折磨人的。

我不仅不想买房，对名表、豪车也不感兴趣。因为对奢侈品不感兴趣，所以大多数时候穿的都是优衣库，包括鞋子，我不太在意衣着服饰的高低贵贱。但爱马仕的羊绒衫例外，因为确实很舒服。

我也不想和什么演艺圈的人交往。和不认识的人见面感觉都很累。

我也没有飞机、游艇，没有别墅。比起拥有，花钱租借比较简单。

稍微贵一点的消费就是红酒和香槟了。但也不是非喝不可。

最后就是手游上的花销。我现在在玩一款叫作"天堂II进化"的游戏，已经花了9,000万日元（约合人民币540万元）。

常听说有人花掉一台车的钱，像我这样花掉一栋房子的比较少见。

■ 想成为"老好人"的话，马上就会破产

成为有钱人后，麻烦事也增多。

推特上有很多人给我发信息。其中有借钱的，也有让我投资的。

借钱的话，就像"我女儿得了重病，需要一些钱"这样的信息。

投资的话，数额就不是一个级别的了，收到的都是"买公司吗"或者"不想运营虚拟货币ICO后的公司吗"之类的信息，大多10亿日元规模。

2018年和虚拟货币相关的信息激增。

我本来炒股炒得很开心，觉得还可以赚得更多的时候，完全没有理由理会这些可疑的信息。

有趣的是，跟我说女儿生病的那个人一个月后用同样的账户又发给我一个不同的故事。

他写道："我在创业，眼前的账目能结算的话，我的公

司就能活下来。年利润××亿日元的公司，一定能还给你钱的。"我就想，至少你换个账户啊。

一次，我把这些请求的金额加在一起，发现半年后就会超过我的所有资产。**破产很容易。做半年的"老好人"，答应大家的所有请求。**

过去，朋友还有认识的人也向我借钱。

那时是50万—100万日元，现在是100万—1000万日元。是那种借给他们如果不还的话，会伤感情的金额。

到现在就有两次，两个很熟的朋友真的有困难的时候，我估计了一个必要的金额，送给他们那个金额十分之一的钱。

不是借，而是给。借钱的时候一定要有有去无还的准备，但凡有一点人家会归还的期待，自己的心情都不会很舒畅。所以，我说这是"我最大的努力了"，把钱交给了他们。

这样一来，金钱的损失也好，感情的伤害也好，都可以最小化；对方也可以像样地恢复起来。也有人要还钱，我就说下次请我吃饭好了。

如果想从我身上拿走钱的话，要么在投资的世界里赢了我，要么做一款好玩的游戏让我心甘情愿地交钱。

■ 我完全不理解管理别人的钱的好处

有很多人请求我来帮他们管理钱。比如"我给你100万日元，能不能帮我赚一些"之类的特别多。

管理别人的钱的压力特别大，我绝对不想做。

最开始说赔了也没问题的人，要是真的赔了的话，会恨我的。这个我经历过。

即使赚钱了我赚得也不多，凭什么赔了的话，还要冒着招人恨的风险给人做呢。风险和收益完全不匹配。

100万日元即使翻三倍，也不过是200万日元的收益。考虑到花掉的体力和各种烦恼，还不如我给你可能会涨的那部分收益，这样轻松多了。

要是那种说"我来帮你运作吧"的人，我觉得要么就是运气好赚了几次但赔了的话就逃之夭夭的人，要么就是欺诈。

我要是做对冲基金的话，也许会募集到一些钱。但是，运用别人的钱就有责任，做得就不会太轻松。如果做成公司，上班也挺麻烦的。

我是不可能设立像移居新加坡的村上基金那样的公司的。我就是个交易工匠，不具备创立基金的综合才能，也没有为社会奉献的抱负。

■ 围绕年金的群魔乱舞

我从一位久未谋面的朋友那里听到，他创立了一个对冲基金，答应运作一些年金的资金。有50亿—100亿日元（约合人民币3亿—6亿元）左右。

我只是道听途说，也许使用的不全是年金，但听说那是个"一旦被委任收益就已经涨了"的世界。根据合同，每年3%的管理费，如果是50亿日元的话，管理费就是1.5亿日元。3年要是赔钱的话就解约，但可以拿到4.5亿日元。只要熬过3年，就高枕无忧了。

一旦被委任收益就已经涨了，所以就工作到签约为止，说得极端一些，那之后不去买卖也没问题。如果把公司设立在香港，对方也不会索要交易记录。即使在日本去夜总会连续玩3年，也没问题。

如果有3年亏损就解约的制约的话，先买着要爆发的股票也行。如果真的爆发了，就继续帮着运作；如果没有的话，就说一声"看来还是不行，对不起"，然后走人。

听了这件事，我觉得真应该判这个委托年金管理的负责人50年刑。在AIJ投资顾问的年金欺诈案中，1,300亿日元被骗没了，结果就是不允许只委托一家去管理。如果认为因为委托一家公司管理而产生了欺诈，简直就是本末倒置。不知道这个说法有多大的普遍性，年金资金一年产生的手续费就有几兆日元，结果都流向了黑洞。所以围绕这个委托，基金也好券商也罢，都各怀鬼胎。

如果要是大型公司运营的话，按照行政方面的年金负责人可以接受的构成比，程式化地购买日本国债、丰田汽车、NTT DoCoMo①等大盘蓝筹的情况也有。说起来还不错，但是手续费太可惜了，还是不做的好。

年金没有必要委托给基金经理。如果是这么大规模的资金的话，不如培育出优秀的人工智能（AI），然后委托给AI。

■ 如果管理年金的话

投资圈里的朋友也对我说："现在政府里的人都不值得信赖，要是让你来运作年金就好了。"当然，运作那么一大笔

---

① 为日本领先的移动通信运营商。——译者注

钱完全不划算，我绝对不想做。但是想一想还是很有意思的。

如果我做的话，首先不会选择投资日本市场。

年金这么大的资金规模，如果只能在国内市场里打转转的话，效率太低了。

在国内市场投资的话，等同于抢了日本人自己的钱。为了日本人而运作的资金却和日本人抢钱，没有意义。

比如分散地投几个收益高的不会倒闭的美元企业债。而且可以以一个月0.1%—0.2%的成本对冲美元、日元汇率风险的时间段还是挺长的。

这样的话整体的收益率可以达到5%。如果资金的规模有200兆日元（约合人民币12兆元）的话，5%的收益就是10兆日元（约合人民币6千亿元）。如果还能以复利的形式继续增值的话，会更多。

比起委托给基金被收取高额的中间费，应该采取简单的设计。

国家资金的运作负责人还可以这样做。

比如，民主党执政的时候，日元走强，达到1美元兑换76日元。那是因为其他国家都在采取货币宽松政策而日本却没有做。如果那个时候可以运作资金的话，应该拼命购买海外的石油、资源的开采权或者可以开发的土地等。

正因为日元走强，海外资产显得便宜了，才可以买买买。之后，只要央求一下"日本银行先生，印点钱呗"就行了。提高国家货币的信用程度是件难事，但是要想降低的话，不是分分钟吗。这样，日元就便宜了。

那样的话，买到了世界的资源开采权，对于日本政府来说是大赚啊。适当地进行个货币宽松，不是能赚个100兆日元（约合人民币6兆元）嘛。

但当然一定会被国际社会记恨的，说不定在哪里还会被暴力袭击。或者美国会威胁说"我在维持国际秩序，你靠边站"那样的话，可能还要放弃几成收益。

通常我感觉大赢的时候，实际上被抹零的可能性更高。

■ 我完全没有当社长的才能

经常有人说我，赚了那么多钱，开个投资公司多好啊。

其实我是开过交易公司的，但以失败告终。

我开公司后，雇用了5位大学时的朋友。我想如果我直接教他们炒股的话，至少有一半的人也能成为亿万富翁了。

那个时候我的资产有20亿日元，主攻新日铁（股票代码

5401，现在的名称是新日铁住金）等大盘股。如果增加几个助手，看不过来的波动率较大的新兴股票让他们来做，不是能越赚越多嘛。

雇用的条件是月薪35万日元加上收益的20%。合同每年更新。

他们不是什么天才，但是比普通人思考得多一些，但完全没有接触过日内交易。我想我找到了最合适的人选，自己也想到了很多好点子。

虽说是我教，但如果我只是下指令的话就没有意义了，只是模仿我也没有意义。所以我没有那样做，而是教给他们交易的核心的顺势操作等基本的理论。我还做了资料，每两周开一次全体会议。

虽然教的东西都一样，但大家交易的却是千差万别。

锁盈的人马上就会锁盈，而能够忍耐损失的人，或者立即止损的人，或者继续加仓的人操作都不一样，完全不合情理。

我本以为会大赚，结果完全不行。

大家都是从1,000万日元开始，两年后只有一个人赚到了2,400万日元，其他人不是小赚就是小赔。还有赔了数百万的。

赚了的人，即使是涨停后还是会加仓。虽说是"持续上涨的股票还会上涨"，但实际做的话却非常需要勇气。

从整体来看，工资的投入都没有赚回来。

按照35万日元×5人×24个月算的话，一共花了4,200万日元。

现在回头来看，只听课是不行的，交易可以看出每个人的本性。尤其又有金钱的激励，人的本性就更加凸显了。

在校学习和工作时踏踏实实的人很保守，只做收益很小的交易。而在学校就很豪爽的，"有考试的日子也睡懒觉"或者"即使是必修课，也没及格"的人，交易起来也很豪爽。

有一本叫作《Investor Z》的漫画。故事讲的是在一个初高中六年一贯制的重点中学的投资部里，初中生和高中生运用大笔资金帮助学校赚取经费。

我觉得我做的和他们很类似，但结局没有像漫画里的那样好。

所以，我想那个漫画不太现实吧。

人的本性是难以改变的，是防守型还是攻击型，总会偏向一方。

普通的初中生和高中生突然开始投资还取得了成功，就是运气比较好。

之后我会讲到，我曾经让朋友们帮我打游戏，而我进行管理。结果，我经常被骗，和人沟通也让我很疲惫，痛感自己没有管理的才能。

补充一句，唯一将1,000万本金做到2,400万的那个人后来继承家业，成了房地产公司的老总。他比我更适合做老板。

除了这家投资公司之外，我还有两次创业的经历，都失败了。

一个是专注于投资的社交网络，叫作"股友网络"。没有流行起来，就荒废掉了，2011年之后完全没有更新，变成了鬼城。

还有一个是辅助交易下单的公司，叫作"T Plus Plus"。怎么都做不好，辞退了所有员工，我把我的股份都转让给了一起创业的投资人Masupuro。他就在家里维护网络，听说多少还有些收入。

这样，只要我放手，公司就会赚钱。我越发觉得自己没有管理的才能。

刚开始创业的时候，我以为公司要越小越好，雇用的人也减少到最小限度，工资也尽可能压得很低，不压榨就不行。

现在想来，其实完全做不到。

我害怕招人嫉恨，面对面的时候，说"请离开吧"这样的话也是一种精神负担。

那些我都做不了。

股票的止损很拿手，但是人的止损却不行。

我意识到自己没有这方面的才能，已经放弃了。

第五章

游戏磨炼了我投资上需要的技能

我的原点是游戏。

如果父母讨厌我玩游戏的话，

就不会有投资人cis了。

投资需要很多技能。

专注力、决断力和持久力等一般工作需要的技能，股市也都需要。但是一般工作和股市要求的也不太相同。

还有，为了交易本身可以顺畅地进行，还需要一些基本的技能。

为了买到自己想要的价格，要能够快速地输入指令，还要有对价格变动瞬间做出判断的反射弧。比如，Jcom误下单事件中，我是手动输入买入指令的。**可以快速敲击键盘才产生了数亿日元的收益。**

对对手的研究也是必要的。股市的东西就要从股市里学习，没有什么比贴近市场提高水平更重要的了。事前了解公司的话，也能找到现在股价变动的理由。

另外，市场时刻在变化。也许自己没有跟踪的板块有泡沫了，或者有暴跌的迹象了。如果不能在操作时观察不同的版面和指标，也不可能大赚。

我这些技能都是通过玩游戏培养起来的。

特别是后面的基础能力是通过电视游戏和电脑游戏磨炼出来的。我的手动输入能力和反射弧是小时候打"街霸Ⅱ"锻炼出来的，而提高自己能力的重要性，懂得事前研究对手的必要性是通过"网络创世纪"学会的，广泛观察瞬息万变的市场状况和应对实况的能力是通过"帝国时代"磨炼出来的[①]。

我想，如果出生在那种父母不让玩游戏的家庭的话，我也就成为不了一名投资人了。

■ 一切的开始都要从粗点心店[②]的抽奖算起

从小学生时起，我就是个游戏玩家。

---

① "街霸Ⅱ""网络创世纪"和"帝国时代"都是流行的电子游戏。——译者注

② 以前日本大街小巷中售卖零食的店铺。——译者注

我在东京都板桥区长大。

在我读小学的时候，粗点心店里还有那种抽奖的游戏。大箱子上有写着数字的小绳子，抽一次30日元。和我同年代成长的人应该都玩过。

有不中的时候，但中了最高额就是200日元。但拿不到200日元现金，而是200日元的购物券。

有一次，一个有钱的小伙伴说："一起都买下来的话，是不是很划算？买一箱试试！"而我买的不是一箱，而是两箱。

我把抽中的奖券统计了一下，发现中奖的概率有90%左右。不过因为只能领取粗点心，所以完全是个光赔不赚的游戏。

但有意思的发现是两箱中奖的数字是相同的。

也就是说，我知道了接下来会中奖的数字。

当然箱子有几种，也不是绝对都会中的。

但是通过这件事，我认识到高期待值的法则和世间万物都有其对应的攻略，而这些改变了我之后的人生。

在那之后，要是遇到新箱子，我会把这里和那里先抽动一下，经常是中大奖。我就把中的奖卖给小伙伴们。

中奖的话，还可以得到一个红豆裹的糯米饼，我也把它卖了。但仔细观察后，我发现糯米饼的大小多少有不同。为了仔细观察这个大小差异，我就便宜些卖给小伙伴，每天按照大约赚50—100日元的目标来抽奖。

我小时候每个月的零用钱是年级数乘以100日元。所以一年级的时候，每个月有100日元，二年级有200日元。因为太少了，在粗点心店赚到的钱显得特别多。

不仅仅是可以赚钱，因为小伙伴们知道我总能中奖，大家都把我当作神。

小学的时候，我还发行过"虚拟货币"。

我会在粗点心店里出售的玩具纸币的背面写上我的名字，然后在小伙伴们中间流通。用粗点心、文具用品交换可以获取我的纸币，然后用这些纸币可以在我家打电视游戏或者参加我设计的一些游戏。

比如红白机（任天堂公司发行的第一代家用游戏机）里有受欢迎的人物和不受欢迎的人物，我就赋予这些人物不同的概率让大家来玩。选择人物的时候，让大家掷骰子。还有就是谁可以用高难度动作打败某个人物的话，也会获得奖金。

从小我就爱设计这样的游戏。

那个时候我就注意到如果纸币发行过量的话，纸币的价值

就会下降。我因为在游戏上很强，又设计庄家获胜概率高的玩法，所以可以时常回收纸币，再用这些纸币来换粗点心。

我的纸币正常运转了一年以上。但有一次，我稍稍增加了发行量，那之后"通货膨胀"一发不可收拾，一个月后就不能再玩了。

现在想来，这个经历也影响了我日后对国家的信赖以及有关股票的想法。

从孩童时期起，凡是游戏我都喜欢。

我经常和小伙伴们玩红白机和卡片游戏。赢了的话当然开心，但是即使输了，我也不放在心上。

从那时候开始，比起胜负的结果，我更重视获胜概率高的玩法。

如果在中途，我发现赢的概率有70%，减去低的概率即使被对方反转了，我也不后悔。**不如说，我特别感谢可以让我参与这一局有利的比试。**

即使是现在，我也觉得比起结果，整个过程里我是不是做出了合理的判断更重要。

比如打麻将，即使输了，如果玩的过程我都尽力了，我也觉得很开心。我就是这样的人。

即使是象棋和围棋这样没有概率的游戏，作为兴趣爱好，我也觉得有意思。

但这类游戏，不擅长的人几乎赢不了擅长的人，完全就是大脑的对抗。而麻将或者扑克的输赢却有概率介入其中，即使是不擅长的人，好好玩的话也有可能获胜。所以它们对我来说是有趣的游戏，也可以当作经济类活动。

■ 中学三年级起，我开始玩弹子机，到了高中还成了总管

在我还是小学生的时候，由于我是3月出生①的缘故，我身体瘦瘦小小的。运动会的赛跑比赛中不是倒数第一就是倒数第二。从生物学的角度来看，我觉得几乎其他所有的人都比我优秀。我从没想过我会成为什么人物。

因为一直这样想，所以可以快乐地享受此时此刻，就很知足了。

小学生的时候也打过棒球，踢过足球，哪样都很差劲。

中学生的时候需要参加一个俱乐部，我就选了网球。因

———————
① 日本4月开始新学年，所以3月出生的孩子是同班中最小的。——译者注

为当时还有好多爱好，所以就选了一个管理最松的俱乐部。

这个阶段，我意识到掌握规则的人有权力。所以中学三年级的时候，我参加了网球部的部长选举，目的是日后就可以名正言顺地逃避训练了。跟大家说一声"今天的练习4点半开始啊"，我就可以走了。

可能是学校里有太多不良少年，结果我的成绩一直名列前茅。经常是考试前临时抱佛脚，我想只要能得高分就好了，做得很高效。

虽然平时的成绩还不错，但一到全国模拟考试就露出破绽了。好的时候排名在65%之上，不好的时候排名也就45%之上。成绩还可以吧，但我意识到自己讨厌学习，学得也不好。

中学三年级的时候，我开始玩弹子机。那时候父母对我的管教很松，有时还带我一起去。之后，我就开始一个人去，逐渐赢得多了，我逃课每周去两次。当时还有早间营业，所以我早上开始就玩"网取物语"的机子，玩两个小时或者三个小时。多亏了早间营业，我平均每天能赚7,000日元。

我的家庭很普通。我爸是在公司上班的职员，偶尔炒股，赌马，还打弹子机，当然这些花销也都是在他的零用钱的范围内。他一般都会输掉，就是一个普通的中年人。而我呢，过年的压岁钱也就3,000日元，所以在弹子机上赢钱对我来说意义重大。

我经常游走于各种弹子机店，不停地研究，也包括选机器。这样每天，赢的数目都在上升。当时网上公开了很多最新的弹子机的攻略。公开的都是运用各种概率计算出来的数字，是有绝对优势的信息。我从中学开始就对这种计算特别感兴趣，一直在研究。

那时候上网的人还不多，弹子机店的服务也特别好。所以比起自己的能力提升，网上获取的信息对我的帮助更大。

游走弹子机店的一大收获是眼光变得更犀利了。

一旦发现好机器，我就叫来个朋友，把那台机器交给他。这大概是我16岁读高中时的事儿。

从概率和回转率来看，我把收益的目标设定为3万日元，一旦发现了好机器，我就给人打电话："过来一下。"叫来的也是高中生。我一天付给他们1万日元。

用这个方法，我在高中时期积攒了200万日元，上大学后我还在继续，20岁的时候已经积攒到了2,000万日元。

■ "偷偷摸摸的，别让人发现啊！"

我猜当我像在做专职弹子机玩家的总管的时候，父母肯定觉察到了什么。我有时候在账房旁边等一些看起来很凶的人，要是觉得被发现的话，我就不换成现金，把金质的奖品直接带回家。有时候，我还会在家乱七八糟地堆上个20万日元，暴露是肯定的。

那时候，父母的反应有所不同。

我妈就会说："告诉我一下你去的地方啊。"

与此相反，我爸就会说："弹子机游戏不会一直赢下去的，不好好学习没有出路。""去读工科，能找到工作。为了这个也要读书。"

我很感谢父母持有不同的价值观。如果只有一个观点的话，我的视野就会变得狭窄。

高中的时候，校园节期间喜欢赌马的朋友带我去了赌马场。

我是负责纪律的干部，在校内溜达一圈后，我就离开学校了。

我觉得这样算"合理合法的旷课"。

我的高中没有校服，所以我觉得去的话也没问题。结果忘了摘掉袖子上纪律干部的袖章，"是高中生吧？"被人抓了个正着。

人家问我："联系家长还是联系学校？""联系家长吧！"我选了家长。

回家后，我妈对我说："你呀，偷偷摸摸的，别让人发现啊！"我妈就是这样。

中学的时候虽然成绩数一数二，但高中的时候全年级300人，我排名250名左右。我经常迟到早退，有时候还旷课去打弹子机，就是个差生。

没学过的科目和领域相当多，初中和高中的课程落下的也太多，所以现在没办法辅导孩子们。

高中的时候，我把打弹子机得到的碗装方便面都塞在学校的个人用品箱里，让同学们谁想吃谁就来拿。这样一来，一瞬间就都没了。我想了想后，改成了50日元一盒。这个价格的话，如果真正想吃的人花一点钱就可以买到。我觉得是个很好的对策。我就是这样的人，在别人看来可能有些古怪吧。

当时只要有新游戏，我一般都会比别人玩得好。

比如上大学后，我一直在玩"网络创世纪"。我设计了宏，睡觉的时候也能攒经验值。出席大赛的时候不仅可以把自己的级别最大化，还研究对手制定的战略。**因此，我在大赛上拿了第一名。**

从那个时候起，我开始考虑的事情渐渐多了起来。

如何选取好的弹子机，如何分配资金，人怎么使用，学校的学分怎么办，等等。

我的脑力都花在这些事情上，完全没有和任何人比较的想法。

帮助我编排这本书的福地问过我："你不觉得男人的一生中，金钱、地位或者女人少一样就没有自信吗？"其实，我连现在都没这样想过。

如果说金钱，我上高中、大学的时候就比别人有钱，但我从来没想过有钱就比人家优秀，我觉得现在我也没变。

■ 通过上网交流打麻将的经验，掌握了"学习方法"

高中毕业后，我进入法政大学的工科学习。

选择工科是受了我爸的影响。他也是工科出身，还说"文科的话，自己也能学，工科的话自学比较难"。

高中的时候打弹子机攒了很多钱，接下来，可能就不行了。我也考虑过去找工作，日后当一个公司职员。这也是选择工科的理由。

但那时我还在通过玩弹子机赚钱。

早上10点去学校，首先发给帮我打弹子机的人10万日元。晚上10点再去一次，收回早上给的10万日元和当天的盈余，再发给他们酬劳。几乎就只是为了这个去上学。

之后就是寻找打麻将的玩伴。大学四年级的时候，我开始记账，按照1,000点50日元计算的话，账本上我赢了几十万日元。最后也没拿回来。

那个时候我在玩网络麻将"东风战"，级别是2,000，最高级别是2,100，所以我相当靠前。所以，普通大学生的实力和我差太多。每两圈我能赢7—8个点。我上听也比较快，点数和筹码都赚。

2ch上有个麻将版，大家说我们决定一下最强的版主吧。**我一般参加的时候都会说"我能赢啊"，果真就赢了。**

当时在网上研究的人经常会介绍一些新的战术，我就拼命地学习。如果发现和自己不一样的出牌方法，我就详细询问他们为什么这么做。

拼命玩的同时，也拼命学。我基本上是那种倾听别人想法的人。

如果是新的战术，从数学的角度看也正确的话，我就立即采用，就像变色龙一样变换手法。之后股市上，我也运用了同样的方式。

从高中开始，我专职打弹子机，每天都赚钱，学分也就刚刚够，没有打过工。虽说是打工，既然是工作就得负责任，必须花时间，还要管理身体。

大学的时候，本来都要去山崎面包的工厂做夜工。一天给3万日元，共两天。就是进冰库里做柏饼。朋友们都说"去吧"，作为人生经验我也想参加一次。但为了不伤及柏饼，必须在0度到1度的环境下工作。听说那里特别冷，我就拒绝了。考虑到我身体情况恶化的概率，我觉得不太值得。

但作为人生经验，我了解到了山崎面包的卫生管理非常到位。虽然我没买过他们的股票。

■ 2,000万日元是无法改变人生的

大学毕业前，我感到了打弹子机的极限。

最难的部分是如何管理人。

首先，很多人会少报赢的弹珠。我觉得每天能少一箱吧。

如果少报的话，我一般都能觉察到。有可能自己也会疏忽，所以第一次的话，我就睁一只眼闭一只眼；第二次的话，炒鱿鱼，也就是不再找那个人了。

抓住规律，自己单干的人也有。虽然没有危及到我，但是很难说。这些都让我痛感用人之难。

一旦牵扯到钱，人都会优先考虑自己的利益。

单纯诚实地一直做下去的人很少。

到最后可以信赖的只有3个中学同学。后来他们都去公司就职了，现在我们偶尔也聚聚。

用人的时候不仅要有向心力，还要让帮你的人很开心，所以工作后我常带他们去吃烤肉。

算上这些费用，总费用大体占收益的一半。之后，弹子机行业又出台了很多法规，我觉得做不下去了。

单纯地讲，我不觉得弹子机是什么好工作。

首先特别吵，空气还不好。很认真地工作，一天顶多也就赚2万日元，而工作时间要13个小时以上，条件相当苛刻。

所以，我很难想象一直做总管做下去。

虽说20岁就攒到了2,000万日元，但我想这点钱无法改变人生。

攒到3亿日元的话，人生会发生改变，可以把工作当作兴趣来做吧。我当时那么想。

那个时候正赶上就业难的时期，大家都和我说找工作很难。

如果能找到一份月薪20万日元的工作就相当不错了。而我打弹子机赚了很多钱，但从早到晚一直工作干一个月才能赚20万日元，我很难接受。虽然实际做了之后，我觉得这个系统挺好的。

所以，我开始寻找不用工作也能赚钱的谋生之路。

那个时候打算认真做的是赌马。

我以为弹子机不能大赚，但是努力做赌马的话，可能赚很多。

赌马的话，我看比赛，也研究马的能力系数，但结论是完全行不通。

收益率81%就是极限了。一般JRA[①]的返还率（除去场地费，分给赌马人的收益占总赌资的比例）是75%。我研究的结果就是，可以赢6%—7%，但很难再提高。

赢家还是JRA。周六时一般的比赛，买10万日元的话赢

---

① JRA：Japan Racing Association，日本中央竞马会，是日本赛马组织。——译者注

的概率还会增加一些，如果没有大规模的比赛的话，赢钱很难。思来想去，能大赢的机会一周也就一回，就是周日。但只有一回，机会少了些。

当时还年轻，做了赌马的研究后觉得实力在上升，就一直在赌。我以为随着研究精度的上升，早晚会突破盈亏平衡点。

这样一直坚持着，直到赔了1,000万日元的时候，我决定放弃，而转向炒股。

现在的我，止损做得很好，但当时有点晚了。

第六章

我能成为亿万富翁是2ch的功劳

在股市赔了1,000万的时候，

我遇到了2ch上的朋友。

如果没有跟他们的相遇，

我早就离场走人了。

在网上券商开户时，我汇入了300万日元开始炒股。那是2000年的夏天，我21岁。

那时候，我有存款1,000万日元，主要是以打弹子机为主赚下的2,000万日元，减去赌马输掉的1,000万日元。

当时的利率特别低，我上小学的时候还是7%呢，结果那时候就只有0.1%。所以存在银行里完全没有道理。正好几年前，日本进行金融系统改革，证券公司的手续费可以自由设定，所以我想这也许是个好机会。

补充一句，其实我第一次买股票是在高中的时候。那时正好赶上日本7–11①进行了几次10送1的拆股。8,000日元一股的股票拆股后一股7,000日元，可是马上又回到了8,000日元，所以实际上股票上涨了。

"那拆股的股票就稳赚不赔了啊？"我对我爸说，所以我也拿出10万日元一起买了。

虽然7–11公司的股票涨了，但是我的收益部分被我爸拿走了。

从那以来直到21岁开户之前，我都没碰过股票。我也不确定2ch上有人写道"5年来一直赚钱"是不是吹牛。

但是正因为有了高中的那次经历，我才一直关注着股价，也掌握了波动率。

这本身也是好事。

刚开始做股票的时候，一直赔钱。

手里还有的700万日元和每个月的工资也都追加进去了，账户里余额最少的时候就只有104万日元了，我算了算，总共可能赔了1,000万日元吧。一段时期，我甚至从父母那儿借来股票进行质押，结果还被平仓了。被平仓的事儿到最后都没跟父母说，赚钱的两年半后，他们重建老家的房屋的时候，我出

① 即7–Eleven便利店。——译者注

了些钱，算是抵消了。

即使这样，我当时想的也只是做3年看看。

先花3年时间，努力研究，如果不能开花结果的话，我再找其他有趣的事情去赚钱。还有两年，继续赔下去的话，手里的钱就不能全投进去。我想的是，即使不赚钱，如果开心的话，作为爱好还可以做下去。

即使是今天，我也认为，除了特别优秀的交易者，投资的世界里输赢不过一纸之隔，偶然居多。

能跑赢市场利率、经济增长率、国债利率或者通货膨胀率等经济指标的上涨的投资只是偶然。如果看起来做得还不错，我想要么是有没注意到的风险，要么是被骗了。

■ 在2ch的线下聚会上，我学习到了制胜的方法

我开始赚钱是因为去了2ch的股票板块的线下聚会。反过来想想，如果当时没去的话，我早就告别股票的世界了。

当时正是日内交易的初创期，2ch也刚刚成立不久。

算是先锋中的先锋们的聚会吧。

男士有6位，女士有2位。男士的成员有uoa、sukuru-ji和

bibilion。我猜现在的话，uoa大约有200亿或者300亿日元吧，sukuru-ji和bibilion也能有几十亿日元吧。

参加聚会的男士有一半都赚了很多钱，相当厉害。

那个时候，即使我平时有些自闭，但我想可以和志同道合的人沟通交流、交换信息还是很重要的。

那次聚会，我正好和其中的一个人——bibilion一起坐车回家。

他和我年纪相同，看起来像个宅男，我莫名其妙地就感到我们气味相投。

他不太会和人沟通，我们之间隔着一个空座，一句话也没说，就是静静地坐着。后来，我抓着车上的吊环问他："你买什么了？"他没有看我，回答道："Dydo Drinco①。"我虽然没有问理由，但我知道这只股票要被编入东证指数了，股价会自动上涨，也就马上明白了他的投资逻辑。

那次线下聚会成果丰硕。

那时的我一直赔钱，已经感觉到买低估值的股票、做长线是行不通的，所以正在摸索其他的方法。而从那次的线下聚会开始，我确定了努力的新方向。都是实际上已经赚了亿

① Dydo Drinco：日本的一家饮料制造商。——译者注

元资产的人使用的方法。

估值低也好，估值高也好，将来这家公司的业绩会上涨也好，这些理由都不过是我自己的想象罢了。越是赚钱的人，越是关注股价短期的波动，也会看K线图，关注是不是会进入指数等，然后以这些理由来买股票。

应该重视的是"今天已有的优势"。

这次聚会后，我不再做长线投资，变成只看股价波动做短线交易。于是，一直赔钱的我，令人难以置信地屡战屡胜。

我并不是为了打探消息去参加的聚会，但聚会产生了这样的效果。

越是重要的信息，越要靠小道消息。

那个时候认识的bibilion和sukuru-ji，现在每周也在一起打几次麻将。

在那之后，我也偶尔在2ch上召集大家出来聚会。一般都是突然袭击式的通知方法："召集一个小时后能来银座的人。"

银座的那次，来了80人。尽管是银座，一下子聚集了一群戴着眼镜背着双肩包的人会让人觉得不可思议，而我就觉得特别有意思。就是突发奇想，所以也没有聚会的地点，我预约了一个酒店的宴会厅，酒店说："因为是当天租用，所以不能取消。一个人的费用是3.5万日元。"很贵！我大约付了300万日元。但是我喜欢和有共同兴趣爱好的人交流，花些钱也不觉得什么。

但是聚了一段时间，氛围变得越来越糟。赔钱的人喝醉后发飙动粗的事情越来越多，我觉得不太开心。连续两次在聚会上都有麻烦，我就不再组织了。

■ 作为公司的职员，"兼职"炒股很难

那之后，我做职员期间赔掉的钱不仅都赚回来了，资产也越来越多。

总资产1,800万日元的时候，正好赶上我有一次去中国出差。

那时候，国有资金正注入日本的银行里来处理不良债权，所以银行股一直在上涨。我当时持有三井住友集团和UFJ控股集团股票。我还使用了杠杆融资（担保金的数倍，根据情况还可以是数十倍甚至数百倍），所以总持股的金额有3,000万日元。

那个时候的杠杆率，可以融到买入的现货股票价值的80%的3倍，也就是最高可以融到3.4倍。使用杠杆时，担保

的股票下跌的话，那么总额就会以3.4倍的速度下跌，钱就会减少得很快。

出差那天，我坐的是下午三点的航班，用手机看了一眼股价，已经涨停了。这样到第二天开盘为止，一直上涨的可能性很大。

仅仅1,800万日元的资产，却持有3,000万日元波动大的股票，相当危险。而且，当时中国还没有日本的手机信号，只能查到日经指数和纽约的股票指数，还只有中文和英文的信息。

出差的时候拿到的补助是一天2万日元左右。结果，我就只能想："哎，冒死持仓吧！"

结果是，出差的第二天股票上涨，第三天暴跌，第四天又涨回来了。我回来的时候正好赶上又上涨了，已经超过出差前的价格，真心感叹回来的时机很好。

如果不是去中国出差，按我的套路的话，涨停到第二天高开时不会卖，一旦下跌了就会卖。如果再上涨了，我会很傻地去买，但肯定赔钱了。所以，那个时候去出差，结果是不错的。

经历了到中国出差，我虽然没有想马上辞职，但是确实感到不方便。

拜访客户的时候，也不能每5分钟就"稍稍看看手机，稍稍看看手机"。

在回程的车上终于可以看手机了，经常有出人意料的情况发生。

所谓低开就是午休结束下午时起开始下跌，这时候我一般卖股票的可能性很高。如果去拜访客户的话，一旦发生了，继续下跌的情况很多。

如果不是去客户那里，这本来是50万日元，或者本来是100万日元，或者本来是200万日元……损失的金额随着资产的增加在变多。

■ 总资产6,000万日元的时候，我辞职了

总资产3,000万日元的时候，我几乎全买了软银集团的股票（股票代码9984），结果发生了旧软银BB的个人信息泄露问题，我本以为对于软银集团来说不是大事，但是股票大幅波动，几乎快要跌停。

那时候，我给我的公司打电话请假说："今天太热了，

我想休息。"**热的不是我的身体，而是软银啊。**

结果那次虽然没有跌停，但赔了500万日元。

3,000万日元中的500万日元，相当大的失败。

辞职成为专职交易者是在我的总资产达到6,000万日元的时候。其实总资产4,000万左右的时候，我就想这条路行得通。

和周围的交易者朋友相比，我转做专职的时机是相当保守的。

一般来说，当拥有6,000万日元资产的话，辞职也许还有些不安，但做交易成功的人一般在资产500万到1,000万日元左右的时候就辞职了。

我的一位叫作Masupuro的朋友在资产200万日元的时候就辞掉工作专职炒股。中学毕业，放放风筝，在个人消费贷款公司工作，之后成了一名程序员，辞职前在初创期的多玩国①工作。

不辞职的话，本来可以拿到2亿—3亿日元的股权激励，他也说"辞职错过了这次发财的机会"，但现在也有10亿日元的资产了。

他曾经赔掉过400万日元，从20万日元重新开始，还是

① 多玩国：日本的一家信息科技公司。——译者注

做到了10亿日元。还有那个叫降临的人。此人就是在第四章里花掉一半以上的资产买公寓的人。

当然，有了1亿日元成为投资人后失败的也有，怎么说呢，不看到结果谁也说不准。

辞职的时候，虽然作为社长的叔叔对我说："可以自立门户，不是挺好的嘛。"但是其他的同事和客户对我说："好不容易把你这个年轻人培养起来，终于可以用了，却辞职了。"

听起来有些落寞，有些讨厌，还有些羡慕吧。我觉得这些感情都有。

■ 一直赚钱的那些日子，头发掉得也很厉害

辞职开始炒股后，钱越赚越多。

2ch上有人说我"你吹牛呢吧""这个家伙满嘴跑火车"等等，我觉得特有意思。

可另一方面，头发掉得厉害，坏肚子的次数也直线上升。比如一年坏肚子200次，一直在创新高。

我特别讨厌医院，尽管平时完全不去，但实在是身体太差了，就去医院看看究竟怎么回事，还做了全面健康检查。

不只是专职交易者，其他自由职业者也要特别注意，不像在公司里定期会去做健康检查。

全面健康检查的结果是："腹腔积水，发展成发病快速的革囊胃癌的可能性比较高，需要做更进一步的检查。"

我很紧张地吞下了胃镜，结果医生说："恭喜你。没有问题！"

网上说腹腔积水的话，也就能再活一年，我就想："不会是要死了吧。但是，我没感觉自己要死啊！"

让我查有没有幽门螺杆菌，查了后也没有。

但是，白血球的数量是标准值的3倍。

那是唯一的异常。

那个时候，皮肤也很糟糕，所以我还去了高须诊所。

给我诊断的虽然不是高须医生，但那位医生对我说："这是辞职的人常有的症状。"

他的看法好像挺正确的。

人的机体在亢奋状态或者注意力集中的时候，会有守护的本能，为了防御，好像白血球的数量会增加。白血球是为了防御外来细菌的，受伤的时候是必要的。睡觉的时候会减少，但亢奋的状态持续久了，白血球就会增加。

那位医生应该看了不少"好像哪里有点不舒服"的有钱人吧，一定会想这个家伙也是干得太猛了。

我的头发不只是掉成圆形，而是完全掉光。整体上相当薄，马上就会变秃的那种。

资产达到6,000万日元开始专职炒股，之后屡战屡胜，资产也增加到了十几亿日元。

但在那期间，肾上腺素也随之激增。

我晚上累的话就睡，但是想起事情来，马上就会起床，一直盯着屏幕上的几十只美股。

一直赚钱虽然很开心，但是过于用力，身体吃不消了。

比如专职炒股后的第二年的五一黄金周，和妻子一起去旅行。黄金周期间还有两天是工作日，我就特意为了操作回到东京。因为我晕机，尽量不坐飞机，但有一天还是从九州飞回东京，然后又马上飞去九州。在那期间，就让妻子一个人观光。

我的感觉就是眼前有那么多猛犸象通过，没有理由让它们逃走啊。

那一年我赚了20亿日元，换算成每小时的工资的话，轻松超过100万日元。所以这样，无论如何也不能休息。

不想放过眼前的猛犸象，也很想打开就在眼前的百宝箱。

在那之后，我只做上午市，身体状况也很快变好。下午打麻将或者进行其他的娱乐，我都不会太兴奋，所以身体可以得到休息。

■ "我有1亿2千万，在找女朋友"

我认为作为一个游戏玩家，我具备了投资人的素养。虽说如此，回首过去，觉得更多是因为赶上了好时代。

话题可能有些偏，其实和我妻子的相遇也是源于2ch。

刚开始专职炒股的时候，"电车男①"特别流行。那个时候有个一起玩的投资人朋友在2ch的恋爱版上写道："我有3亿日元，在找女朋友，想找一位年龄在25岁以下，面容身材姣好的女士。"

我觉得挺有意思，就做个金额只有三分之一的劣质版，写道："我有1亿2千万日元，在找女朋友。"我还写道："不问年龄和相貌。"结果收到了朋友的100倍的邮件。对于女性来说，1亿日元和3亿日元区别也不大。而朋友那边，一周有一

---

① 电车男：是一个在日本网络论坛2ch发生的爱情故事的主人公，故事之后被改编成电影、电视剧、漫画、话剧等。——译者注

封邮件或者完全没有，而我这边，10个月里接到3,000封。其中，有2,000封是来自炒股的人的冷嘲热讽。

但即使这样，还有1,000封女性来信。当时我也没有特定的女友，所以我想作为人生的一个经历，见很多人，将来不会失败。我就每周见3位或者4位。

一般都会在某个车站见面、吃饭，然后叫一辆出租车把她送到附近最近的车站，用"谢谢"来道别。绅士中的绅士的见面方法。

如果不是这样程序化的操作，一周连续见3位或者4位不认识的人是吃不消的。吃完饭后，再消耗体力去酒吧、卡拉OK或者情人旅馆的话，会累到没法再见其他的人。尤其又是在公开的论坛里找的人，如果发生什么的话被公开的可能性也很大。

有位怎么看都像50岁的女性，还说"我比较老了啊"。还有，快到情人节的时候，有位40多岁的女性给我带来一个大箱子，里面装满了5公斤的泰迪熊形状的巧克力。这是日常生活里完全体验不到的经历。

由于应征的人过多，我一直都很忙，见过一次的话就不会再见。为了完成任务，我已经使尽全身力气。但即使是这样，半夜三更还有电话打过来，或者半夜两点的时候有人发邮件问："现在能见面吗？"这些之外还有各种各样的邮件，特别麻烦。**我终于理解了为了结婚，女性有多卖力。**

大约坚持了10个月（这个时候，我把主题改成了"我有4亿日元"），正打算不再见人的时候，遇到了现在的妻子。她当时是一个地方国立大学的研究生，因为找工作来到东京。在东京也不认识什么人，她也觉得作为人生体验挺有意思的，就给我写了邮件。

见了面后，我发现她是我见过的100多位女性中最适合自己的。因为决定不再见其他人之后见到了她，所以心情也特别轻松，但即使是最开始见到她，我也会和她交往的。

妻子有很多我没有的东西。学习好，还会武术，虽然很瘦，但是有肌肉，长相也是我喜欢的那种。

买结婚戒指的时候，我说买什么都行，只要你喜欢。但妻子就选了一个10万日元（约合人民币6,000元）**的戒指。至今为止几乎没给她买过比戒指更贵的东西了。**

因为"活力门事件"我损失了5亿日元，她也没太在意。我也对花钱不太感兴趣，所以我觉得在这点上她也和我很像，挺好的。

第七章

如果从现在开始炒股的话

挑战与机遇不过一纸之隔。

因为"活力门事件",

几乎一瞬间损失了5亿日元。

那样的事情也会发生。

新的财富在增长。

2018年11月的时候，排名前三的虚拟货币比特币、以太坊和瑞波币的市值总和约有17兆日元，而两年前只有2兆日元。

也就是说两年间从2兆变成17兆。

那么，这里增加的15兆来自何处?

像魔法一样变出来的吗?

来想想不同的例子，比虚拟货币更简单的例子。

某人从零开始创业，他的公司的市值在10年后达到现在苹果公司的水准，大约100兆日元。

那么这个100兆的价值从何而来？

这个也是像魔法一样变出来的吗？

也许有人质疑这种想法，但有这种想法没什么不对的。

也就是说，新出现一个100兆的公司，不代表其他的货币、有价证券，还有房地产的市值就减少100兆日元。

这就意味着，经济也许不是一个零和游戏。零和游戏就是得分和失分的总和是零。地球上的财富总量在持续上升。

■ 在今天，个人交易者赚取巨额的财富

那么，财富一直增加的话，会怎样？

我认为财富是人们收获果实时的数字化表现。

如果认为即使发生了大规模的通货膨胀，只要日元的价值不下跌，自己持有的资产价格就会保值的话，那就错了。

比如虚拟货币等的新的价值诞生的时候，自己持有的资产价值自然就会被削弱。

新的价值产生的时候，其他的货币、有价证券，还有房地产的价值，即使看到的数字没有减少，而实际上也已经贬值，比以前减少了。这样的话，数字上来看新增的100兆日

元像魔法一样变出来，即使数字正确，也并没有呈现出真正的状态。

经济在增长，世间整体在变得富有的另一面，增长的速度并不是那么快。不如说是地球上资源的消耗速度在加快。

经济是相对的，而投资和交易正是其中最具代表性的。我觉得最终的结果还是一个零和游戏。

假设股价整体下跌几个百分点，自己持有的资产没有变的话，那么相对地就赢了。

所以说，交易就是相互争夺金钱的游戏。

财富的总量持续增长的同时，钱在贬值。

虽说钱是万能的，但实际上钱的威力在下降。

这样一说，有人会问："不是相反的吗？"

那么请想一想。

在现代社会，像我这样的个人交易者可以汇集上百亿的金钱。

个人仅用个人的力量就可以汇集这么多财富已是事实。

而过去又怎样呢？

在明治、大正时代，个人是不可能和财阀对抗的。巨额的资金就是绝对的力量，所以个人要想对抗的话，除非成功地成为一个宗教的教主，政治上还要有些关系。

第四章里我说"我完全没有建个钢铁厂的打算"。但过去那个时候，别说财阀，如果没有国家的资金，建一个钢铁厂也是不可能的。要是贫穷的国家，即使举全国之力也不可能。那些国家即使选择富国强兵之路，也做不到。

也就是说，国家拥有的资金总额决定国家的强弱，也是国家的力量所在。

最近，通过虚拟货币积累了大量财富的人被叫作"亿万人"。

我总觉得有些轻蔑之意，其实包括像我这样可以积累财富的事情是现代社会才能发生的。

过去作为绝对力量的巨额资金，现在个人可以几年间就汇集成功是因为有很好的流动性。

但是另一方面，金钱的价值在下降，即使没有巨额资金，不能做的事情也在减少。个人交易者也只是在今天的社会才有可能诞生。

■ 挑战也是机遇

2015年8月，中国下调了对美元的汇率。之后，世界的股票市场一时混乱，大家称之为市场危机。对于不炒股的人来说很难理解，但我想讲讲我当时大赚的故事。

这个时候，我打算大干一场，在2ch上写道："我全力出手，冒着资产化为乌有的风险，是不是傻？"成为很热门的话题，但实际上并没有那么大的风险。

汇率下调后，中国股市大跌，而日经指数也下降了300—400点。半天之后开盘的美国股市也巨幅震荡。

美股已出现大幅下跌趋势，标准普尔股指期货、道琼斯股指期货和纳斯达克股指期货都因避险而被卖出，也就是避免损失的对冲变多了。尤其在交易量很少的时间段，更折射出人们的恐慌心理，被过多卖空的趋势就更明显。所以这个时候，我就按照美股开盘前的跌幅会最大这个假设来准备操作。这之前的趋势已经很明显，这个时候我觉得日本有一半的可能出现同样状况，所以我也赌了一下。

在这之前，因为我卖空了日经指数，所以我先把它买回来。

不想冒那种大公司倒闭的风险，如果觉得危险了，我倾向于限定损失。这个时候也是日经指数的期货刚开始被程式化地卖出的时候，买回来的时候刚刚好。

同样出于对暴跌的恐惧，日经指数的期权价格也变化了很多。平时都不会定价或者也就是1日元左右吧，这个时候高达105日元。上升到这个简直不可能的105日元仅仅用了3分钟，所以我就拼命地卖期权。即使下跌到60日元，我还在卖。

我这个时候卖的是卖出期权，所谓的暴跌保险。

如果真的暴跌了的话，我会损失很大。行权日是3天后或者4天后，当时1万6千点的日经指数如果跌到1万点的话，我将承受毁灭性的打击。所以我写道："冒着资产化为乌有的风险。"

但是并没有这么大的风险。

究其理由，首先有跌停板的制度，一口气暴跌是不可能的。另外，从日经指数的构成来看，如果不是这些公司的价值都相继跌到零，也没有一口气下跌的可能。

按照理论值来讲，所有的股票都跌停的话，日经指数跌到1万点，也不能说这种可能为零。但只要一半的公司没有同时倒闭，就不会发生。要想让一半的公司瞬间倒闭，除非在日本投放几个大型的炸弹。那样的话，不管有多少日元，价值都会暴跌，有多大的损失也无所谓了。

人们感到恐惧的时候，视野变得狭窄，行为变得极端。

正因为我可以冷静地观察市场，才能获得这样的胜利。

这个时候，我正在和几个做投资的朋友喝酒。看到价格的波动，我坐立不安地想："赚钱的好机会啊！"立刻回家做了最大限度的交易，然后又回去喝酒了。

朋友中，用手机做了几百万的大有人在。而我，因为这次市场危机一共赚了将近23亿日元（浮盈最高达到40亿日元）。"谜一样的36岁的日交易者预测准确，大赚40亿日元"的新闻在彭博的终端开始流传，也成为雅虎日本的头条新闻。

■ 投资地产信托，一天赔了6亿日元

挑战与机遇不过一纸之隔。

与其说是一纸之隔，不如说是融为一体的。

经济变差，人们就开始恐慌……这样的时候往往就是大赚的时候，但也有可能大赔。

到此为止我一直在讲赚钱的故事，但只要是投资就有风险。

接下来我就讲讲赔钱的故事。

那是2008年的时候。

地产信托的价格下跌，有的收益率高达15%。现在看来，这是个大底。

房地产虽说会老化，大部分还是比卖公司的价格要高的，所以看起来很便宜。

这么一想，我就买了18亿日元的地产信托。

当时我的总资产有50亿日元。虽然不到一半吧，但还是投了接近的数额。对于以日内交易为主的我来说，这是极少的中长线投资。

有每年1亿几千万的分红，还可以期待价格上涨。我觉得买得很好。

那么简单说说当时的情况。

90年代经济泡沫破裂后，苦于处理不良债权的企业和金融机构接二连三地处理所持的房地产。结果就是掀起了房地产流动化的高潮，在2001年，日本设立了日本地产信托（JREIT），2006年左右出现了地产泡沫。

但到了2007年，地产信托的价格开始下降。主要是由次级债导致的。流入地产信托的钱一瞬间被抽走了。

就在这个时候，迎来了最后一击，2008年9月雷曼兄弟倒闭。金融机构大量撤资，日本地产信托融资出现问题。

经济坏的时候就是机遇。

捞些便宜货，上涨后卖出。这是最简单的赚钱方法。当然，世间的事情哪有那么容易的。

在底部入仓倒还好，如果倒闭了的话，别说便宜，那就是零啊。

我就是那个时候买的，雷曼兄弟倒闭的第二个月，即2008年10月，世界上第一个地产信托倒闭了。新城住宅投资法人倒闭了。

地产信托被大量抛售，虽然我觉察到有问题，但这次跑得不够快。

听到这个倒闭的消息，我开始计算第二天会赔掉多少，结果就坏肚子了，晚饭也吃不下。平时的话即使赔了很多钱也没有过吃不下晚饭的时候，这次可以说是对身体最大的打击了。

第二天，我持有的地产信托一半以上都跌停了。最后，算上其他的房地产相关的投资，一共赔掉6亿日元。

对于50亿的资产来说，6亿不算什么，但一次就损失上亿，对我的打击相当大。

这是我永远也忘不了的失败。

这之前在"活力门事件"上赔了5亿日元也没太在意，但地产信托的失败给身体带来了难以想象的打击。

就像我说的那样，我败于平时不做的交易。这并不是我的长项，后悔鬼使神差地赌了一把，所以精神打击巨大，也带来了身体上的打击。

■ 因为"活力门事件"损失5亿日元

"活力门事件"发生在2006年1月。

那个时候日经指数连续上涨，人们都说是不是泡沫又来了。新兴股票屡创新高，大家只要买只看着不错的股票，资产就会不停增加。

我也是这样。堀江贵文（日本知名门户网站——活力门的前总经理）被逮捕后，我还持有活力门的27万股股票（活力门进行过1比100的拆股，27万股不是一个大数额）。电视里播放着活力门公司被强行搜查的新闻，出手相当狠。于是，我变得非常紧张。

活力门的股票跌停，定不上价格。同时，我还持有活力门关联公司的股票，也是损失巨大，我走投无路了。

完全没有想过损失，一直在考虑如何赚钱。

即使堀江贵文被逮捕，活力门这家公司也不会马上就消失。活力门还有相当一部分的净资产，其门户网站的功能还在。我想"这个是买入的大好机会啊"，就继续加仓。

强行搜查的新闻播出后，原本696日元的股价，连续六天跌停，第七天终于定价在155日元上。

当时我有28亿资产，投了19亿，买了股价100多日元的活力门股票。

我预测股价会回到300日元。但是，完全没有反弹。

活力门继续下跌，我觉得这可不行，就止损了。

也有其他期待反弹而买入的人，但害怕活力门会被退市，所以仓皇而逃的人更多。

我想可能会损失5亿日元，所以拼命卖股票，最后的损失额正好是5亿日元。感觉这次很惨，但这样的失败也挺畅快。我对妻子说："今天赔了5亿日元。"她回应道："啊呀。"

那天晚上我约了人打麻将，就在2ch上写道："我今天赔了5亿日元。"然后就去打麻将了。麻将打得跟平时一样，很开心。

不用说，"我今天赔了5亿日元"模仿了《七龙珠》里"嗨，我是悟空"的谐音。想到这个谐音，我觉得好像从损失的5亿日元中又赚回来1个亿。

■ 早的人总是很早，晚的人总是很晚

投资里有进攻型和防守型之分。

能赚到上亿的人一般都是进攻型。总是看到猎物就伺机行动的那种。

我也进攻，但算是防守型的。一边止损一边寻找机会。

要是用格斗游戏来形容的话，防守的时候虽然被打得一点点掉血，但可以用大招一招逆转的那种。

就拿Jcom误下单事件来说，我在电脑上开了一个又一个窗口，分别买500股，自己确认后在群聊里还写道："是误下单，可以买！"

那时候，模仿我的人就买了，但被众多卖单吓到而没买的人居多。

当然也有比我买得早的人。我花了20秒确认Jcom的总发行量，从看到消息到开始买一共花了35秒左右。完全不花时间，看见消息就买的人也有。

有趣的是，那个时候的行为跟日后的行为紧密相连。**那个时候没有买的人，在投资的世界里也生存不下去。**

活下来的，还是坚持防守型投资的人。

反过来，比我买得早的人，比特币也比我买得早。

人的行为方式不会轻易改变。

早的人总是很早，晚的人总是很晚。

早的人比较适合做投资人。

这个早，指的不是头脑的好坏，而是行动的早晚。

有个人在Jcom上买得比我早，比特币也比我早。他还使用了各种各样的观察方法。因为他自己不能写程序，他就雇了个程序员来写。并且在美国和香港开通了海外账户，设立了公司，并亲自到现场去。那个公司不怎么赚钱，但我不由得赞叹："这家伙有多卖力气啊！"

这个人叫作三空。作为个人投资者，和我一起被邀请去过《笑一笑又何妨》的节目。当时的任务分配就是我蒙面出场，他露脸解说。现在他回到了老家，做了众议员。他在交易上不赚钱的时候，因为颜值高，又能讲，还考虑过能否成为一名艺人，因为没有懂股市的艺人。

之后，他又说"政治挺有意思的"。

不知道为什么，从个人投资人转型成政治家的例子很多。

三空就不用说了，就连那种很能赚钱但是道德水准不高的人也转型成功了。

■ 在经济不好时，买入亏损的公司做长线投资

从现在开始，如果投50万—100万日元的话，我觉得可以做新股的日内交易。

买新股中波动率高的，如果趋势不好马上止损，如果上涨就一直持有比较好。比如像东京地铁等一些公有企业的IPO，很多人都会中签，所以要申请。一般来说，新股上市后价格会大涨，赚的这些钱可以作为投资的启动资金。

但是日内交易的话，如果股价下行，要立即逃跑。如果是公司职员的话，工作的时候还要频繁地把自己关在洗手间的小屋里用手机操作股票，有些困难。但是机会真的很多，马上可以赚钱的机会就像宝石一样静静地散落在那里。

如果预算超过2,000万日元的话，在新股交易的基础上还可以做点别的。

随着预算的增加，财富增长的速度会下降。

如果想高效地一年翻10倍的话，不冒些风险有些困难。虽说如此，我觉得如果没有那么高的目标的话，完成目标也不会太难。

如果是那种"不太想收集信息，但还想赚钱"的人的话，

可以在经济不好时，买入亏损的公司做长线投资。

刚刚收支平衡的公司不要买，就买那种亏损的。

那种公司一旦经济好了，就会扭亏为盈，股票很可能像翻手掌一样反转上扬。当然要是要倒闭的公司的话，就会一抹为零，所以要找那种不会倒闭的。

互联网泡沫破裂后，雷曼兄弟倒闭后，券商的分析师们都在说"现在业绩也不好，推荐卖出"，那种时候，不卖而是买的话就赚了。

次级债问题爆发的2007年，市场上有各种猜测，比如日本的银行该不会有1兆日元的次级债吧，不会因为资产减记倒闭吧，但回头来看那时候是绝好的买入时机。

不要放过这样的机会，这一点很重要。

相反，经济好的时候，不要买。

经济有周期，当大势开始上涨，周刊杂志又推出了特别报道，分析师们都开始推荐的时候，上涨的空间就几乎没有了。

也可以盯着快要退市的公司。

最近的例子就是日本航空、东芝和东京电力等。当大家都觉得这些公司"快要不行了吧"的时候，就像大家担心金融危机时的银行一样。

在摆脱危机后，这些股票都会有10—20倍的收益。

市场总是倾向于回避风险，一旦觉得危险了，股票会被过度抛售。

但我不会去买需要在政治方面做判断的股票。我不知道政治家是怎么想的。

比如日本航空，不知道会不会有国家和企业再生机构入股，所以我没有买。

东芝的话，我虽然觉得反盘买入可行，但当时大势很好，就没有反盘操作。如果那时候，世界股市都不好，并且大家都说"半导体公司不行了"，我想我就买了。如果是那种情况的话，东芝的股价会跌到40—50日元，如果可以避免倒闭，我想能翻几倍甚至翻几十倍。那样的话，就有想象空间了。

公司亏损了，停止分红了，退出东证一部了，基金和东证指数联动的信托基金开始卖出了，股价就会下跌。如果进入东证一部了，编入日经指数了，仅仅如此，股票就会上涨。

冒着钱会化为乌有的风险去买陨落的公司，充满希望。

■ 想在虚拟货币上赚钱的话

我想，现在打算开始投资的人应该考虑过比特币等虚拟货币。虚拟货币的买卖和股票、外汇还有期货没有太大的区别。这么说吧，所有有定价的买卖都是一样的。

就是追涨杀跌。

下跌的时候不要买。

我从门头沟事件的时候开始对比特币感兴趣。

2014年，在一家叫作门头沟的虚拟货币交易所，大量的比特币和代扣款消失了。

刚开始，公司的解释是服务器遭到攻击，但之后社长因私吞款项而被逮捕，2018年还没有判决的结果。

这个事件后，比特币的价格从1,000美元一口气跌到150美元。交易所有麻烦了，尽管东西本身没有变，比特币还是被大量抛售。

本质的价值没有变，但因为氛围的变化，价格急转直下。能解释清楚的话，就是买入的好时机。

但这时候，我没有找到可以用日元开户的交易所，就放弃了。

之后，从2017年的春天开始，比特币开始上涨。

从10万日元涨到超过20万日元，我想这个上涨速度很快，买入不是挺好的嘛。

但调查了一下，发现即使在叫作bitFlyer的当时日本国内最大的交易所里，也缺少流动性，资本利得税也很高，要买数千万规模是相当困难的。所以我就错过了那个阶段。

2017年是我炒股以来泡沫最多的一年。我想比特币的影响很大。

同年10月，比特币涨到了70万日元。又有了杠杆交易，我想这是个大赚的机会，就在这时买入了。在什么都交易的投资人里，我在虚拟货币上的出手"有点晚"。

最开始我买了100个比特币，随着上涨，我50个、50个分别追加了几次，并持有了一段时间。一共投入了1亿5千万日元左右。

我是在bitFlyer的杠杆交易比现货高出26%的时候卖出的。尽管是同样的东西，价格差巨大，所以我在杠杆交易上卖空，然后买了现货。

即使是相同的东西，有价格差的时候，大多数玩家不能冷静地看待。也就是说如果可以冷静地看待的话，就有优势。

过去，就连日经的股指期货和现货都有5%的差距。**如果能观察到这一点的话，买便宜的而卖贵的，自动就会赚钱。**

现在的话，套利交易的算法可以做到买低卖高。考虑到利息和分红，日经的期货和现货的理论值已经没有差距了，这样的赚钱机会也就没有了。

我还留着套利交易刚出来时的文章，上边写着："如怪兽一般恐怖，引发了日经指数的暴跌。"

可以看到，当时大家只觉得这个东西来路不明。也说明当时的人们没有考虑过价格差异。

比特币也是，买卖金额和市值如果涨到了今天的10倍、50倍甚至100倍的话，我想这样的算法就会逐步介入，市场效率就会提高。但是，直到那之前，大家也不会在意吧。

虚拟货币的另一个特征在于服务器的脆弱。

bitFlyer、Coincheck、Zaif等交易所的服务器繁忙的话，会接受不了订单。于是，虚拟货币的价格一时就会涨得过高。从交易顺畅的角度来看，还在发展过程中。但正因如此，可以为我们所用。

虚拟货币的新闻还是很慢。

股票的话，根据新闻的关键程度可以预测股价，虚拟货币还做不到。

买的人把虚拟货币看成一个新类别，并没有把它看作是众多交易中的一种。

结果很容易变得两极分化，大家认为会涨的时候买单暴增，认为会下跌的时候无人问津。

那么，如何去利用服务器的弱点呢？

价格一时高达200万日元的比特币从2018年开始下跌。我预测在跌到150万日元的时候会有很多强制清算。因为用杠杆炒作的人被强制清算的可能性比较高。

所以，我想买全部被强制清算的比特币，从120万日元开始100个、100个地买入。

如果顺利实现的话，相当有利可图，如果不行的话就取消。于是，大约10天后，bitFlyer真的不能接受订单了，我也不断地买到被强制清算的部分。一旦可以接受订单的话，买到这样的比特币是不可能的，所以我事前就下了买单。

这个时候我还没有担忧价格不会回来。海外的比特币一直徘徊在145万日元，我预定的是120万日元买入，我猜想怎么也会回到海外交易所的价格吧。在那之前，日本的比特币有很高的溢价，所以我想比海外交易所再贵5%的话，我就可以一点点地卖。如果有什么问题，我也可以送到海外交易所去卖，虽然要花点手续费。

结果，价格回来一半的时候我卖了，赚了1亿5千万日元。

这样的漏洞还有好多。

■ 投资人会胜过人工智能（AI）吗

利用AI的自动交易系统出现了。这些年，AI的发展令人瞠目结舌，尤其是我下围棋，看到阿尔法狗的结果，除了感动还是感动。

不仅是象棋和围棋这样信息完全的游戏，在扑克和21点等信息不完全的游戏世界里，AI也在变强。看了AI的结果，高级选手检验自己招数的机会也增多了。麻将也是，虽然AI现在还不行，但是过一段时间也会变得很强。

我认为随着算法和AI的出现，炒股的难度会逐年增加。比如从前，如果有像跌停那样的暴跌的时候，人们可以马上下单低吸，等待反弹。但是如今，人的速度肯定赢不了机器。

但是，算法交易也并非总能赢。

现在设置算法交易的几乎都是人。而设定的内容就是如何快速地在一定条件下买，或在一定条件下卖，像套利交易那样取差值的交易只占相当小的部分。

但是如果AI可以自主学习的话，但凡人能做的事情，就都能做了。

虽说我认为AI在变强，但还有太多只有人才能做到的事情。

比如AI本身不能冒风险。

AI能做数千亿日元甚至几兆日元程度的有风险的交易吗？即使AI没有恐惧心理，而利用AI的人却有。我可以把160亿日元现金中的150亿都投到交易中，但是股东绝不会允许把这样的数额委托给AI。那么，运作数千亿级别的大笔资金不是很困难吗？我想，暴跌的时候，人们就只会让AI做风险最小化的交易。自动驾驶没有进展也是这样的道理，人们强烈反感机器将人致死。我想其结果就是，作为个体，AI不会运用大量的资金。

这样一来，AI不敢冒的风险就成了人类的强项，而实际上，我正是在这种情况下赚钱的。

■ 如果竭尽全力的话，我可以胜过大部分人

痴迷于股市的人最初都是赚大钱的。即使是偶然赚到的，或者向高手请教后赚的，都不错。

听说打麻将也同样，最开始赢的人会痴迷。即使到后来屡战屡败，最初获胜的感觉很好的话，就会胜过后来的不快。

努力和回报之间存在螺旋式的上升关系。

努力的话就会赢。

赢的感觉很好就会更加努力。

这样一来就会更擅长，赢得更多。

我认为这不仅仅适用于输赢，也是个可以广泛运用的法则。

但就我来说，我并不觉得这个螺旋式的上升有必要。我是那种开始做的时候即使输了，但觉得有意思的话也会坚持的类型。

如今也是如此，即使没有好结果，我也不觉得努力学习很累。我能做到竭尽全力。我认为在自己喜欢的领域里持续不断地努力的话，几年后可以胜过大部分人。

但这个也因人而异。像我这样的期待值痴迷者，怎么说

都是有些古怪的少数派。

世间八成的人损失的时候都会感到压力。我认为那样的人比较适合一直在公司做职员。

认真工作的话，每个月都会赚钱，对于身心健康来说很好。

我的话，会考虑最大限度地提高每小时的产出和资产的产出。

安稳的环境里，不存在最大化的概念。

所以，我走在专职炒股的这条路上。

附 记

股票制胜的另类原因

股市非涨即跌。

所以，就是选择出手还是收手。

出手、收手的原则在麻将和扑克上也适用。

接下来作为附加部分，讲讲我在扑克、麻将、21点这些游戏上的一些心得。

我一般在这些游戏中常常出手。而且，也赢了不少。

股市和扑克是相当接近的游戏。

股市非涨即跌。

所以就是选择出手还是收手。

这样说的话，有人会疑惑："继续持仓，不就是不买也不卖而维持现状吗？"其实还不太一样。可以选择任何时候都可以卖的话，持有本身就是和出手相同。

如果考虑到可能变成一文不值的纸片的风险的话，不止损的人是一直在出手。

扑克也是，一圈过后要做出是出手还是收手的判断，这点和炒股非常相似。

出手、收手都有风险和回报。

每一次都有风险，所以也会期待回报。

要判断哪个更多，才会做出决定。

当然不仅限于炒股和扑克，我的出手、收手的标准很大程度上取决于是否觉得这个游戏有意思。

比如象棋没有不确定的因素，我把它归类到其他游戏中。

那样的游戏有它们的好玩之处，但作为玩家，我喜欢有运气成分的信息不完全的游戏。

那么作为游戏，股市和扑克有什么不同呢？

首先，玩家的人数不同。

股市上看不到玩家的人数，也看不到资金量，只能看到卖出和买入的量。人数也没有上限或下限，而背后的资金量更是不得而知。

而扑克的话，牌桌上的人数一目了然。玩的时候，可以观察每个对手这回有没有参与。资金量也就是在牌桌上的筹码，看得见。有人会追加筹码，所以不是完全封闭的系统，但也接近了。

扑克的话，大家互相猜测对手的牌，即使没有好牌也可以假装一番，同样也有对手这样虚张声势，是个分析和吓唬混杂在一起的游戏。

但这种印象已经过时了。

现代的扑克更像是"概率的游戏"。即使表面呈现的是分析和心理战的结合，而基石却是数字的组合，也就是概率的成分非常重要。

使用扑克的游戏当然就是数字的组合。玩得最多的德州扑克，在自己握有的两张牌的基础上，每当一轮再发一张牌的时候，自己的概率就会随之变化。同时，对手的概率也在变化。

每当牌数增加，玩家都要选择下注、加注、跟注，或者弃牌。也就是每一轮都要做出出手还是收手的选择。

出手的话就选择下注、加注或者跟注，收手的话就选择弃牌。

基本上就是计算自己的概率。但是，就算有好牌，也不一定大赚。想赚得大的话，一定要吸引来很多筹码。所以，期待值的计算并不简单。

到了现代，才在这些细节的地方有了统计数据。

在欧美，关于扑克的数学研究已经相当发达。

基于自己的牌的期待值，再考虑对手的牌的期待值和牌桌上筹码的数量来决定自己的策略。

吓唬人太多次的话会输。

这个在统计上已经很明确了。

但是不吓唬的话，也会输，所以有的玩家会程式化地决定

"在什么程度去吓唬"。

这个就是现代的扑克，已经变成了数据驱使的游戏。

在老电影里，自己有了好牌的话，如果一开始就加注就会被对手发现，所以最初都会装作若无其事的样子从跟注开始。这是人在游戏中很自然的战术，时至今日也是如此。

不过，采取这种判断的人在减少。

对手如果几乎是按照数据的判断来决定出手还是收手的话，这样的演技就没有意义了。

这一点跟股市相近。

■ 麻将和股市都很有意思，所以才一直在玩

那么对于麻将，大家有什么印象呢?

这个真的很因人而异。

麻将原本就是比扑克更复杂的游戏。

说麻将是靠运气的游戏的人也有。

最近虽然在减少，但是过去说掌控运气的技巧就是麻将的技巧的人特别多。

作为信息不完全的游戏，玩家特别容易被眼前所见的东西迷惑，人们对这点的认识有所提升。

我从前就只对数学的部分感兴趣，不是想否定持运气说的

人，但是我不感兴趣。

欧美人从过去开始就不谈扑克运气的一面，自始至终都用数学来考量。现在的潮流也在朝这个方向发展，即使是麻将，最近控制运气的战术也越发处于劣势了。

麻将也是和扑克、股市很类似的游戏。

一定要比较风险和收益，然后决定出手还是收手，这个时候的判断决定胜负。

打麻将厉害的人擅长比较风险和回报。

那样的人在关键时刻，能选择第一感觉正确的。当然，经验占的部分也很大。而判断出手还是收手的精度是最考验实力的。

最近，麻将也有很多统计数据，所以熟记一些基本的数据，再加以实战，非常有效。

麻将比扑克复杂，也有如何巧妙手动组合的要素。那些是能看到的部分，所以把麻将想成是手动组合的人很多。

但是，决定胜负的主要因素是出手或者收手的判断。手动组合的巧拙所起到的作用比看起来的要小。

麻将就是身披组合游戏外衣的出手、收手游戏。

中国人发明的麻将，现在在世界上流行。

即使不比中国和日本，在欧美玩的人也很多。但是如果出了别人的听张，就是点炮，点炮的人要替所有人付给和牌的人钱。这条规则是日本独有的。在其他国家，没听说有一个人全部支付的。听说麻将传到日本之后，有人制定了这样的规则，很快就传遍全国。

正因为有了这条规则，比较风险和回报才重要。如果没有的话，作为组合游戏的面就更多一些。

听到这个说法时，我觉得日本人真是天才啊。

正因为有了这样的规则，麻将和股市、扑克更为接近。我之所以一直打麻将也是被这一点所吸引。

我觉得股市也是有趣的游戏。虽然赚了很多，但真的是被它的有趣所吸引。

另外，我刚上网打扑克时，最初在最高级别的牌桌上一直输钱，总共输掉了4,000万日元。最近因为不能汇入美金了，我不能在那桌上玩了，输的金额也变少了。但一直输也没觉得有多痛苦。

我彻底地学习了一遍扑克的理论后，就和高手们过招。我把他们的战术都收录进AI的软件里，反复检验，然后学以致用，提高我自己的战术。我对自己的水平提升还是很满意的。

让我觉得自己是个宅男的理由是，即使玩不花钱的游戏，玩着玩着我也能进入竞技人数的百分之一以上。

第五章里提到的微软的那款叫作"帝国时代"的游戏，我的世界排名在数百位左右。800万人中的数百位。这样的例子不胜枚举。高中时，我曾是"网络创世纪"的第一名。170万人中的第一，难度相当高。

即使不赚钱的游戏，我也是玩得很痴迷。

所以说，对我来说，股市就是游戏的延伸。

■ 在常赢的麻将上一年花一亿日元的理由

回到个人的话题，我在麻将上一年花一亿日元。

主要是麻将室的场地费和结束之后的饭钱。

每周去几次麻将室，每次在两三桌上玩。对手中，投资人很多，还有专业的扑克人士和专业的麻将人士。

场地费和结束之后的饭钱都是我来付。大概10个人左右每周去一次饭店，一起喝喝香槟。刚开始去的时候，花销在7万日元左右。

但是在大多数的饭店成了常客，花销就会不断上升。那家店，也是10个人，最近却花了50万日元。我想是我们对香槟越来越挑剔，所以给我们准备了比较贵的。红酒也是如此。我什么也没说，但店家买了贵的酒就给我们上来了。补偿就是，我一定能预约到位子。店里总是给我们预留出10人以上的位子。

1次50万日元，一年200次的话就是1亿日元。就是这样在麻将上花了很多钱。

麻将是我从年轻时起就一直在玩的游戏。如果是麻将本身的话，我可能已经玩腻了，但是可以和很多个人交易者切磋交流很有意义，所以我会长久坚持下去的。

　　最近，被传为日本麻坛第一名的青柳君（化名）加入了我们。青柳君不是职业的麻将选手。虽然是一位业余的麻将选手，但作为让人敬畏的实力选手，在职业选手中也广为人知。有这样的人加入，我又可以享受学习新知识的乐趣了。

■ cis在21点上的制胜算牌法

　　我每年去韩国的华克山庄酒店的赌场三四次。有时候就是为了玩21点。但是去了1年半以后，他们就把我禁止了。

　　赌场的营业人员跟我说："我们很希望您来，但这是电脑判定的结果，没有办法。"然后给我看了像通缉令一样的文件，上边还贴着我的照片，以及我来店以来的所有分数，总和也计算出来了。听说系统根据数值自动决定要禁止的人。

　　我跟他们说，我常带朋友去，在酒店也花钱喝酒吃饭，虽然在赌场上赢钱了，但也不是职业赌徒，不是那种你们不想招待的客人。可能是因为这一点，我的禁止令来得才比较晚，最后根据电脑的判断才这样的。

　　我当时，赌资最少使用40万韩元（大约合3.7万日元），最多300万韩元（大约合27.5万日元）。预期收益就是赢到每次的花销加上100万日元。实际收益方面，除去住宿费和赌场的花销的话，还有剩余，但如果再除去在外边吃饭的花销的话，就是负数了。

21点的攻略是算牌。

不是作弊而是基于概率的正当的攻略，但赌场大多会禁止的，一旦被发现的话，被禁止入场的可能性很高。

算牌就是记住出来的重要的牌的张数。

一般的做法是记住人头牌和A。扑克牌里1—13中，A、人头牌和10，共计有5张。出现人头牌或者A的概率大约是5/13。

不怎么出现人头牌和A的时候，说明剩余的牌中人头牌和A很多。这个时候对于玩家来说比较有利，要多放筹码。相反的，如果人头牌和A出现得多的话，剩余的牌中人头牌和A就少了。这个时候，对于玩家来说不利，不跟，或者即使跟的话也少放筹码。

算牌是最简单的做法，不放筹码一直记出来的牌，在出来的人头牌和A达到一定的概率以上时再去出击。

这样一来，就可以只在有利的时机参与。长期看的话，一定能赢。

但是，算牌是被禁止的，明目张胆做的话，一旦被发现就无法入场了。

我的算牌法是除了人头牌、A，我还会记5、4和6。

实际上最重要的是剩下的5的张数，接下来是4和6的张数。

也没有记得那么准确，就是记下来5、4和6比平均多了还是少了。特别好，或者特别不好，或者有点不好，就这样简单地加减起来而已。也没有怎么使用脑力去记。

有利的时候真想多放筹码，但那样的话就会被发现算牌。所以没有那样做，就改变玩的积极性。有利的时候，就再抽一张或者加倍，积极地参与一下；不利的时候就消极一些。

仅仅如此还是赢钱。用的是相当省力的做法，如果认真算牌的话，比别人赢的要多得多。

韩国的华克山庄酒店特别好玩，所以才去的。但被禁止之后，只为玩21点的话，我就几乎没去过其他的赌场了。

■ 最有魅力的游戏在叫作东证的地方

去澳门打过扑克。扑克牌屋里，根据赌资级别的不同划分牌桌。我一般都去最贵的那个牌桌。一桌有9人或10人，大家把筹码放在桌上，加在一起有1亿日元到2亿日元左右。

我总是以少量的筹码入局。差不多10万港币（大约合150万日元）。以大量筹码入局，和社长他们玩一玩也很有意思，但是以少量入局的话更有利。大家都会盯着筹码多的人。

有一次在扑克牌屋见到过一个一线艺人。他的参与率高达

70%—80%（一般在20%左右），我想他会输得很惨吧。果然，扑克老手们就像被蜂蜜吸引的甲虫一样聚集到他那里。

我对违法的赌博一点兴趣也没有。也就是说，赌上数千万、数亿，甚至数十亿，但连支付的保障都没有。不仅仅是无法信赖规则的公平，还有法律的风险。

我虽然对法律没有很强的观念，但即使从收益的效率考虑，也不会对违法的事情感兴趣。

违法的东西，综合来看风险过高。没有必要冒这样的风险。

我付出常人好几倍的税金，因此在叫作东证的日本最大的"赌场"上全力以赴。

还有，我对轮盘和老虎机等偶然性比较高的游戏没有兴趣。所以即使日本建了赌场，我也不会去。顶多也就会留意一下扑克牌屋。

21点和扑克的技术成分（自己的技能对收益预期的影响）占比高，能制胜，所以学习之后很开心。但如果是看不到有这样路径的游戏的话，我就体会不到乐趣。

百家乐的技术成分很高，但赢的机会很少。有攻略的话，就学习，但赌场的游戏是被反复推敲过的，玩家通过技术来提高收益比较困难。

我不想把钱赌在概率上不占优势的游戏上。

所以还是股市好。炒股的话，既是工作，也是兴趣，还是游戏。

其他爱好和游戏很难成为工作，但炒股就可以。取决于方法，就可以赚到钱。

股市是最新、最尖端的学科，也是一种经济活动。

因为是最尖端的，所以无法预测未来。

是最极致的"信息不完全的游戏"。

每天做的事情都是学习，既增强实力又能赚钱。

虽说是学习，也不知道能不能赢，既是好事，也是坏事。

综合能力决定胜负，这一点是作为游戏的有趣之处。

有10万日元就可以入市。

特别聪明不见得能赢。

判断和行动早很重要。

人脉、信息、资金实力等各个侧面的攻略都有。因为是综合能力的较量，所以作为游戏，规模宏大。也没有什么游戏可以比肩了。

赚钱的方法也有很多。

像我这样每天敲键盘交易的炒股工匠也有，设立公司将其上市从投资人那里赚钱的人也有。

也许资本主义就是人类历史上最好的游戏吧。